GUIDE
DANS LES
MONUMENTS

GUIDE

DANS

LES MONUMENTS

DE PARIS

TYPOGRAPHIE DE J. BEST,
RUE POUPÉE, 7.

GUIDE

DANS

LES MONUMENTS

DE PARIS

PARIS

PAULIN ET LE CHEVALIER

RUE RICHELIEU, 60.

—

1855

GUIDE

DANS LES

MONUMENTS DE PARIS

AVANT-PROPOS.

De toutes les capitales de l'Europe, Paris est celle qui renferme le plus de monuments remarquables au point de vue de l'histoire, de l'art et de l'utilité publique : cela tient au génie particulier de la nation française, qui, placée à la tête de la civilisation, a toujours conçu et réalisé la première les grandes idées d'amélioration matérielle, et fondé les principaux établissements d'administration, de bienfaisance, de luxe, de plaisir et de philanthropie, que l'Europe a imités. Comme Rome, la France aime à montrer sa puissance dans ses monuments. Ce goût, qui éclate naturellement plus à Paris que dans les autres villes, imprime

1

aux édifices de cette capitale un cachet particulier de magnificence et de grandeur.

Nous commencerons ce guide par l'explication des édifices destinés au culte, c'est-à-dire des églises, temples et synagogues, renfermés dans l'enceinte de Paris, en les classant par arrondissement.

I. — MONUMENTS RELIGIEUX.

LES ÉGLISES.

PREMIER ARRONDISSEMENT.

La Madeleine. — La chapelle expiatoire. — Saint-Philippe du Roule. — L'Assomption. — Saint-Louis d'Antin. — Saint-Augustin.

La Madeleine.

Sans la croix qui le surmonte, il serait difficile à un étranger débarqué la veille à Paris, et placé au milieu de la place de la Concorde, de deviner que cet édifice aux proportions colossales, qui se marie d'une façon si grandiose aux proportions monumentales de la rue Royale, est une église. Jamais contrefaçon plus complète d'un temple grec ne fut essayée : c'est la Maison-Carrée de Nîmes en grand. On peut croire que, destiné d'abord à un usage profane, cet immense quadrilatère n'a été transformé en église que par un de ces brusques

revirements dont l'histoire des monuments offre de si
nombreux exemples. Il n'en est rien cependant. Contaut d'Ivry, le premier architecte qui dressa les plans
de la Madeleine, avait bien la prétention d'élever une

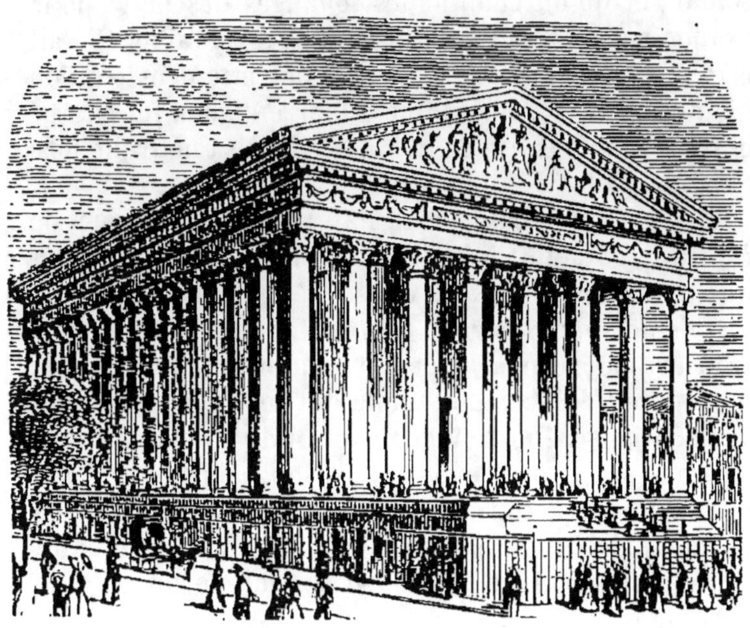

La Madeleine ; vue extérieure.

église catholique sous l'invocation de la pécheresse pu-
rifiée, et non un temple à Mars ou à Jupiter. Louis XV
en posa la première pierre le 3 avril 1764.

Contaut d'Ivry mourut sans avoir terminé son ouvrage. Le premier soin de Couture, qui lui succéda,
fut de modifier les plans de son prédécesseur, ou plutôt
de les changer complétement. L'église surgissait peu à
peu. Déjà les colonnes s'élevaient à une certaine hauteur, lorsque la révolution vint interrompre les travaux.

En 1806, une idée païenne traversa le cerveau de

l'empereur, alors à Posen. Il voulut que chaque année, aux anniversaires d'Austerlitz et d'Iéna, dans un monument de la capitale, on célébrât, par la musique, la poésie et les illuminations, les vertus nécessaires au soldat, et qu'on chantât les louanges des héros de la grande armée tombés sur le champ de bataille. C'était rétablir en quelque sorte le culte de cette déesse qu'on nomme la Gloire. L'architecte Pierre Vignon fut chargé d'approprier l'église de la Madeleine à sa nouvelle destination.

Pierre Vignon bouleversa naturellement le projet de Couture, et se mit à bâtir le temple, sur le fronton duquel devaient briller ces mots : *L'empereur Napoléon, aux soldats de la grande armée.* La restauration était trop orthodoxe pour prêter les mains à l'achèvement d'un pareil édifice. Le temple dut se changer de nouveau en église. Pierre Vignon aurait dû en même temps changer ses plans ; mais il n'y songea pas : il aima mieux léguer à son successeur la tâche assez difficile de métamorphoser un temple de la Gloire en sanctuaire catholique. M. Huvé entreprit ce tour de force, et le termina en 1842.

On a essayé de voiler sous le luxe et l'abondance de la décoration intérieure le contre-sens de l'architecture générale. A-t-on réussi ? Cela reste douteux pour beaucoup de gens. Il faut convenir néanmoins que le premier aspect de cette église éblouissante de dorures, de marbres, de peintures, n'est point sans grandeur. M. Ziegler, en essayant de représenter dans la vaste composition cyclique qui couvre l'abside, et dont nous parlerons tout à l'heure, les personnages et les événements qui ont le plus contribué au triomphe du christianisme, a entrepris, non sans un certain succès, un ouvrage peut-être au-dessus de ses forces. MM. Couder,

Schnetz, Delaroche, Signol, Abel de Pujol, ont signé plusieurs travaux dans cette église. Mais le plus remarquable morceau de peinture de la Madeleine est sans contredit *l'Évanouissement de la Vierge*, de ce

La Madeleine ; vue intérieure.

jeune et regrettable Bouchot, que nous avons vu mourir dans la fleur de son âge et de son talent.

Deux groupes en marbre, l'un de Rudde, et l'autre de Pradier, une *Assomption* de Marochetti, le bénitier d'Antonin Moyne, tels sont les plus remarquables morceaux de sculpture décorant l'intérieur de cette église, qui représente une nef éclairée par trois coupoles. On y arrive par un porche extérieur dont les extrémités sont occupées par deux chapelles, celle des fonts baptismaux, et celle des mariages. Un petit ordre ionique orne les divisions de la nef, qui présente six chapelles latérales, trois de chaque côté. Les six grands espaces demi-circulaires au-dessus des chapelles sont ornés de peintures de M. Delaroche, représentant la vie de sainte Madeleine. Le toit est entièrement construit en fer et en cuivre.

Au centre de l'abside rayonne la figure de sainte Madeleine, par M. Ziegler, humble et repentante, mais déjà pardonnée ; sur le nuage qui la soutient, trois anges développent l'inscription suivante : *Dilexit multum*. Le Christ, la croix à la main, entouré des Apôtres et des Évangélistes, laisse tomber sur la Madeleine et sur la grande scène qui se déroule à ses yeux, un regard de paix et de mansuétude.

A la droite du Christ, sont symbolisés les principaux événements relatifs à l'histoire du christianisme en Orient. L'empereur Constantin, saint Maurice, chef de la légion thébaine, saint Laurent, saint Augustin, saint Ambroise, sont à côté les uns des autres. Les croisades succèdent à cette époque ; les papes Urbain et Eugène, saint Bernard et Pierre l'Ermite, forment la partie supérieure de ce groupe. Autour d'eux se pressent les barons féodaux, l'épée à la main. Un vieillard qui n'a que ses trois fils pour appui, les offre pour la croisade.

Saint Louis prie sur le devant du groupe où est Madeleine ; Godefroy de Bouillon agite l'oriflamme. Viennent ensuite Louis le Jeune, Suger, Richard Cœur-de-Lion, Robert de Normandie, le connétable de Montmorency, Dandolo, le vieux doge aveugle, et Ville-Hardouin, le chroniqueur des croisades. Une page de l'histoire du christianisme moderne relie ces feuillets du passé et représente quelques scènes empruntées aux malheurs de la Grèce actuelle.

Le christianisme occidental déroule ses annales à la gauche du Christ. Les martyrs des premiers temps de l'Église, les saintes de Cologne, saint Symphorien, sainte Cécile et sainte Catherine, s'appuyant sur une roue, garnissent le premier plan. Dans un nuage sombre marche Ahasvérus, le maudit éternel. Les guerriers de Clovis, instruits par saint Waast, descendent de ce nuage. A la vue du saint, une druidesse s'éloigne en fureur. Clovis reçoit le baptême des mains de saint Remy, à côté de Clotilde à genoux.

En pendant à saint Louis, Charlemagne reçoit les insignes d'empereur d'Occident; à ses côtés se tiennent son secrétaire portant les capitulaires, et l'envoyé d'Haroun-al-Raschid offrant les clés du saint sépulcre, tandis qu'au-dessus, Alexandre III pose la première pierre de Notre-Dame de Paris. Jeanne d'Arc, entourée d'une élite de guerriers, est debout près de l'angle occupé par Dante, Raphaël et Michel-Ange.

Au centre de la composition, Louis XIII, ayant à ses côtés Richelieu, présente sa couronne à la Vierge. Ce groupe se combine avec celui de Henri IV. Le cycle se termine par le couronnement de l'empereur Napoléon par Pie VII, entouré du cardinal Braschi et du légat-cardinal Caprera, tenant en main un exemplaire du concordat.

La décoration extérieure de l'église de la Madeleine se compose, outre le fronton, de trente-quatre statues de saints, placées sous le péristyle et dans les niches des deux galeries latérales. M. Lemaire a sculpté le fronton, représentant le pardon de sainte Madeleine : la pécheresse est à genoux aux pieds du Sauveur, l'ange des miséricordes la contemple avec miséricorde et joie ; chargé d'appeler les justes, il laisse approcher l'inconnue que la Foi et l'Espérance soutiennent. La Charité, retenue par deux petits enfants, montre à ses sœurs la place réservée dans le ciel à la vertu triomphante; dans l'angle, un ange accueille une âme pieuse sortant du tombeau. Cette partie du bas-relief se termine par cette inscription : *Ecce dies salutis* (Voici le jour du salut).

Cette inscription précise encore mieux que nous ne l'avons fait le sens général de cette composition, qui est, à proprement parler, un *Jugement dernier*. Nous venons de voir l'ange des miséricordes accueillant les pécheurs repentants; voici maintenant, dans l'autre partie, l'ange des vengeances repoussant les vices : l'Envie, l'Impudicité, l'Hypocrisie, l'Avarice, s'enfuient devant la flamboyante épée de l'archange. Un démon, précipitant dans les flammes éternelles un pécheur endurci, termine cette partie du fronton, au bout de laquelle on lit sur un socle la menace de l'Église : *Væ impio !* (Malheur à l'impie !)

La forme générale de cette église est un parallélogramme de plus de 100 mètres de long sur environ 45 de large, élévé sur un stylobate de 4 mètres de haut; elle est entourée de colonnes d'ordre corinthien; les deux faces, antérieure et postérieure, présentent huit colonnes chacune, et dix-huit colonnes occupent chacune des faces de longueur. L'intérieur étant éclairé par en haut, aucun jour n'est pratiqué dans les murs; mais des niches placées dans l'axe de chaque entre-colonnement, sont destinées à recevoir des statues. La frise qui règne autour de l'édifice offre sur tout son développement des anges qui tiennent des guirlandes entremêlées d'attributs religieux. La cymaise supérieure, ou la partie qui est à l'extrémité de la corniche, est ornée de têtes de lions et de palmettes. Dix-neuf figures ornent le fronton dont nous venons de donner la description. L'autre fronton est resté lisse ; un espace ménagé intérieurement dans cette partie de l'édifice a reçu la machine qui, par un système particulier de sonnerie, a remplacé le clocher. La porte, en bronze, est une copie de celle du baptistère de Florence.

Saint-Louis d'Antin.

Située à côté du lycée Bonaparte, à l'extrémité de la rue Caumartin, cette église n'offre rien de remarquable ; elle a été construite sur les dessins de l'architecte Brongniart ; Signol a peint le chœur de l'église, où l'on voit, en fait de sculptures, un saint Paul de Bra et un saint Louis faisant enterrer les morts après la destruction de Sidon par les infidèles. Ce groupe, de 15 pieds de hauteur sur 10 pieds de largeur, est de Vauthier.

Saint-Augustin.

C'est une succursale de l'église de Saint-Louis d'Antin, qui n'a aucune signification au double point de vue de l'art et de l'histoire.

Chapelle expiatoire de la rue d'Anjou.

Lorsque les Bourbons rentrèrent en France, ils voulurent élever une chapelle expiatoire au souvenir de Louis XVI et de sa femme, Marie-Antoinette, sur le lieu même où ils avaient été enterrés. MM. Percier et Fontaine furent chargés de la construction de cette chapelle, inaugurée la seconde année seulement du règne de Charles X.

Comme monument, cette chapelle n'offre précisément rien de remarquable. Il semble que les deux collaborateurs auraient pu être mieux inspirés par la tristesse même du sujet. Cette architecture manque complétement de caractère; à force de chercher la pensée des artistes, on finit par trouver qu'ils ont probablement voulu imiter un de ces grands tombeaux qui se dressent à l'une des entrées de Rome.

L'intérieur de cette chapelle est décoré par un groupe de Bosio représentant l'apothéose de Louis XVI; un ange soutient le roi et le guide vers le ciel. Le ciseau gracieux mais

Chapelle expiatoire.

un peu mou du sculpteur n'a pas donné à cette scène toute l'élévation de style qu'elle semble comporter. Marie-Antoinette, consolée par la Religion, forme le sujet d'un autre groupe. Ces deux morceaux de sculpture ornent les deux hémicycles de la chapelle.

Saint-Philippe du Roule.

C'est une église de la fin du dix-huitième siècle, dont l'architecture n'offre rien de particulièrement remarquable. Le nom de son architecte est Chalgrin. Commencée en 1769, elle ne fut terminée qu'en 1784. La ville de Paris fait, en ce moment, exécuter des travaux de peinture assez considérables au plafond de cette église.

Saint-Pierre de Chaillot.

La vieille église de Saint-Pierre de Chaillot, qui menaçait ruine, fut entièrement reconstruite en 1750. Le gothique n'était pas à la mode encore ; on n'entendait guère parler alors de restauration ; on se contentait de rebâtir les monuments religieux ou autres, selon les préceptes de l'art à la mode : c'est ce qui explique l'absence de caractère qu'on remarque dans l'architecture de l'église dont nous parlons.

L'Assomption (rue Saint-Honoré, 371).

Cette église, que les prédicateurs célèbres choisissent assez volontiers pour s'y faire entendre, et où les sermons du père Ventura attirent chaque carême une foule si nombreuse, servit, pendant la révolution, d'entrepôt pour les décorations de divers théâtres. Un peintre, qui eut un moment de vogue et de célébrité, Érard, fournit les plans de l'Assomption. On voit que pour élever ce monument il s'est inspiré, avec assez peu de bonheur, du reste, du Panthéon de Rome. Le dôme manque de grâce et de

L'Assomption.

légèreté. La décoration intérieure n'offre rien de bien remarquable, y compris les peintures signées Blondel et Lafosse.

La chapelle Beaujon, dans le faubourg du Roule, élevée par l'architecte Girardin aux frais du fameux financier Beaujon, complète la série des monuments religieux compris dans la première circonscription municipale de Paris.

DEUXIÈME ARRONDISSEMENT.

Saint-Roch. — Notre-Dame de Lorette.

Saint-Roch.

Le nom de la paroisse de Saint-Roch figure deux fois dans les annales de notre histoire moderne. C'est sur les marches de cette église que commença la fortune du général qui devait être l'empereur Napoléon. Lé coup de canon qui dissipa les sections révoltées contre la convention fit pour lui une trouée sur l'avenir : la journée de vendémiaire fut une de ses étapes vers le trône.

En 1815, une émeute qui menaçait de prendre des proportions redoutables éclata sur les marches de Saint-Roch, où l'on venait de présenter la dépouille mortelle de Mlle Raucourt, artiste de la Comédie française, devant laquelle le curé fermait obstinément les portes de son église. Bienfaitrice des pauvres, emprisonnée pendant la révolution à cause de ses sentiments royalistes, Mlle Raucourt méritait, à ce double titre, un autre traitement. La masse du public vit dans ce refus des prières de l'Église une nouvelle marque de l'intolérance du clergé ; la foule pénétra dans l'église avec le corps ; déjà des voix laïques entonnaient l'office des morts, lorsque Louis XVIII, informé de ce tumulte, envoya un de ses aumôniers, qui rendit les devoirs religieux au corps de Mlle Raucourt, et par là mit fin à cette émeute.

Saint-Roch, pendant ces dernières années, a été l'objet d'embellissements assez importants. Les chapelles de cet édifice ont été décorées de marbres précieux, et de tableaux dont quelques-uns ne sont point sans mérite. La distribution intérieure de cette église offre des singularités qu'on ne rencontre dans aucun monument du même genre, à Paris. Elle est composée d'une nef et de

Saint-Roch.

trois chapelles qui se suivent dans l'alignement du portail, et se prolongent ainsi en droite ligne jusqu'à l'extrémité de l'édifice. Les bas-côtés de la nef, également prolongés derrière la première chapelle, consacrée à la Vierge, tournent autour de la seconde, qui est celle de la Communion. La troisième, dite du Calvaire, est une espèce de rotonde coupée que l'on a ajoutée depuis à l'église. Il résulte de cette disposition de la forme du maître-autel, construit à la romaine et placé au rond-point du chœur, que du portail de l'église, l'œil, traversant la nef et l'arcade au bas de laquelle est placé cet autel, plonge dans la profondeur immense de cette enfilade de chapelles, qui toutes les trois sont éclairées par une lumière différente et dégradée à dessein, ce qui produit un effet presque théâtral, peu convenable dans un édifice sacré.

Le grand portail, dont la première pierre fut posée le 1er mars 1736, a eu beaucoup de réputation autrefois, et semble avoir servi de modèle à la plupart de ceux qui ont été élevés depuis, quoiqu'il ne soit qu'une imitation assez médiocre du style de Mansart. C'est une décoration en bas-relief composée de deux ordres, dorique et corinthien, d'une exécution mesquine. Ce portail a 28 mètres de largeur sur 26 d'élévation, depuis le pilier du perron jusqu'au sommet du fronton. Une heureuse disposition du terrain a obligé d'y placer un assez grand nombre de marches, ce qui produit un bon effet et annonce dignement un monument consacré à la religion. L'église de Saint-Roch est aujourd'hui un des édifices religieux les plus ornés de la capitale.

En général, cependant, l'architecture de Saint-Roch manque de grandeur véritable ; on sent, dans les dessins de Robert de Cotte, de Jules de Cotte son neveu, et de Lemercier, l'influence qu'exerçait déjà alors l'école fausse et emphatique qui succéda à la grande école d'architecture de l'époque de Louis XIV. C'est en 1735 qu'on commença à bâtir Saint-Roch : l'aspect intérieur du monument n'offre, par le grand nombre des chapelles, que confusion aux regards du specta

teur ; les morceaux d'art qui l'ornent ne sont guère
intéressants que comme preuves du goût d'une époque qui manquait surtout de goût. Les ornements
dont la chaire est surchargée ont été dessinés par
Charles ; Laperche les a restaurés depuis : les Vertus
théologales qui soutiennent cette chaire, l'allégorie du
rideau représentant le Catholicisme triomphant de
toutes les hérésies, manquent de grâce et de légèreté.
Tout cela est lourd et massif, moins encore que ce calvaire de carton, véritable décoration foraine, s'il est
permis de s'exprimer ainsi, qui occupe d'une façon si
indigne de la majesté du lieu le fond de la chapelle de
la Vierge, construite en 1753 par Vailly et ce Falconnet
que Diderot cependant comble de louanges.

Saint-Roch est riche en tableaux, ainsi que nous
l'avons dit. On peut citer entre autres : un *Triomphe
de Mardochée*, de Jean Jouvenet, assez belle composition traitée dans le style de Lebrun ; la *Guérison du
mal des ardents*, de Doyen ; un *Jésus*, de Vien, représentant la peinture française dans sa période de déca-
dence. La coupole de la Vierge est peinte par Pierre,
un des artistes qui ont le plus ardemment poursuivi la
manière de Boucher. Le plus remarquable des tableaux
modernes que renferme Saint-Roch est, sans contredit,
le *Vœu à la Madone*, de Schnetz. Parmi les sculptures,
il faut citer celles de Lemoine (saint Joachim et sainte
Anne), de François Anguier (Jésus dans la crèche),
de Coustou (statue du cardinal Dubois), de Coysevox
(buste de le Nôtre), de Falconnet (monument du comte
d'Harcourt).

Mme Deshoulières, Pontchartrain, ministre de la ma-
rine sous Louis XIV, le président Hénault, l'abbé de
Mably, les frères Anguier, ont été enterrés dans Saint-
Roch. Approchez-vous maintenant d'un des piliers

soutenant la galerie des orgues ; là vous trouverez un médaillon au bas duquel vous lirez :

PIERRE CORNEILLE,
MORT RUE D'ARGENTEUIL, LE 1er OCTOBRE 1684.

C'est là, sans contredit, le plus illustre des morts qui reposent sous les dalles de cette église. On devrait remplacer le vieux médaillon par un monument plus digne de ce grand homme et de cet homme de cœur.

Notre-Dame de Lorette.

Ce joli temple grec termine d'une façon fort gracieuse la perspective de la rue Laffitte, prise du boulevard. Notre-Dame de Lorette n'a point été d'abord destinée à un usage profane ; il n'a jamais été question d'y célébrer la beauté, comme on devait célébrer la guerre à la Madeleine. Église elle est née, église elle a toujours été ; église un peu mondaine, si vous voulez, un peu décriée même, mais qui ne mérite nullement les reproches qu'on lui adresse. Paroisse d'un quartier de mœurs assez douteuses, on veut lui faire partager la réputation de sa circonscription municipale. Le luxe un peu théâtral avec lequel l'église est ornée n'est pas sans fournir matière à ces accusations ou plutôt à ces médisances.

Les premiers chrétiens ne craignaient pas d'entrer dans un temple païen pour le transformer en église : la naïveté, la grâce, la simplicité, sont les compagnes ordinaires de la foi. Les architectes des premiers temps de l'Église trouvaient leurs idées et leurs plans au fond même d'une croyance pleine d'ardeur et de sincérité. Les artistes modernes cherchent à mettre l'art et l'étude à la place de la foi, et cela donne à leurs œuvres un caractère de mauvais goût et de fausseté auquel l'église de Notre-Dame de Lorette n'a pas plus échappé que les autres monuments de Paris conçus dans cette donnée purement archaïque.

L'or éclate de toutes parts dans cette église : le plafond reluit d'énormes caissons d'or ; ce métal a été pro-

Notre-Dame de Lorette.

digué dans tous les ornements ; on en a mis partout où on en a pu mettre. L'enluminure le dispute à l'or. Les chapelles peintes y sont assez nombreuses. Celles de la Vierge, des Baptêmes et de la Communion, ornées par le pinceau de MM. Perrin, Orsel et Roger, ne sont point sans mériter l'approbation des amateurs, qui y

trouvent tout ce que peuvent donner la science et
talent sans le secours de cette foi naïve et pour ainsi
dire involontaire qui se retrouve rarement au delà des
époques primitives.

C'est le gouvernement de la restauration qui a fait
élever l'église de Notre-Dame de Lorette ; l'ordonnance
de construction est datée du 22 janvier 1822. Elle a coûté
2,050,000 francs. Plus heureuse que la Madeleine, Notre-Dame de Lorette possède du moins un clocher, pas
bien haut à la vérité, mais suffisant du moins pour la
fonction qu'il doit remplir. Quatre colonnes corinthiennes soutiennent le fronton de l'église, coupé en triangle
et surmonté de trois statues.

<h2 style="text-align:center">TROISIÈME ARRONDISSEMENT.</h2>

*Notre-Dame des Victoires. — Saint-Eustache. —
Notre-Dame de Bonne-Nouvelle.*

Notre-Dame des Victoires.

En 1656, voulant perpétuer le souvenir de la victoire
que venait de remporter le cardinal de Richelieu sur
les huguenots, par la prise de la Rochelle, Louis XIII
fit élever cette église qu'il dédia à Notre-Dame des
Victoires. On l'appela aussi l'église des *Petits-Pères*,
parce que les premiers travaux en furent exécutés sous
la direction d'un religieux de l'ordre des Augustins
déchaussés, le père Lemuet.

Ce ne fut qu'en 1740, c'est-à-dire plus de cent ans
après sa fondation, que cette église fut terminée. Elle
se compose d'une nef unique de 43 mètres de longueur
et de 18 mètres de hauteur ; des chapelles l'entourent.
Perrault les a dessinées et enrichies d'ornements en
marbre de couleur.

Les sculptures de la boiserie qui entoure le chœur

méritent de fixer l'attention. Le chœur lui-même est orné de sept tableaux de Carle Vanloo : l'*Allégorie de la prise de la Rochelle*, la *Prédication devant l'évêque d'Hippone*, la *Mort de saint Augustin*, passent pour les plus remarquablés de ces toiles.

Le tombeau du premier directeur de l'Opéra, du collaborateur de Quinault, du musicien Lulli, est placé dans la troisième chapelle à gauche.

Saint-Eustache.

Voici une des églises les plus populaires de la capitale, et dont le nom revient le plus fréquemment dans les annales du tiers état parisien, la paroisse de Molière et des halles, l'église dans laquelle monseigneur le régent de France Philippe d'Orléans allait faire ses pâques et les autres grandes dévotions de l'année, pour se conformer à l'étiquette de sa maison depuis *Monsieur*, qui, aux occasions solennelles, ne manquait jamais de quitter Versailles et Saint-Cloud pour édifier les Parisiens par sa ferveur religieuse.

Une des chapelles de cette église a eu l'honneur d'être consacrée par un pape, Pie VII, à l'époque où il vint en France pour poser la couronne impériale sur la tête de Napoléon. L'église elle-même n'est qu'une agglomération de fragments construits à diverses époques; une partie de la tour, enchâssée maintenant dans la porte qui s'ouvre au midi, représente l'ancien édifice gothique, construit en 1222 sur l'emplacement d'une chapelle dédiée à sainte Agnès; de 1532 à 1642, c'est-à-dire dans l'intervalle de cent dix ans, l'église fut achevée dans l'état où nous la voyons aujourd'hui, sauf le portail auquel deux architectes mirent la main, Mansart en 1752, et Moreau qui le termina en 1788.

L'église de Saint-Eustache représente le système

d'éclectisme, ou pour mieux dire de fusion en architecture; on a essayé d'y mêler ensemble l'art ancien et l'art moderne, le moyen âge et la renaissance, et de cet impossible mariage est né un genre bâtard qui a vécu, mais qui n'a pu se reproduire. Le premier aspect de cette église n'en fait pas moins un certain effet par son étrangeté et sa bizarrerie même; mais

Façade méridionale de l'église de Saint-Eustache.

quand, après avoir pénétré dans les détails, on veut juger l'ensemble, on est refroidi par le mauvais goût d'une conception qui ne parle ni au cœur ni à l'imagination, et qui ne satisfait aucune tendance de l'esprit; ce mélange de rosaces gothiques et de chapiteaux corinthiens, de gargouilles et d'acanthes, déroute l'œil et l'intelligence, et finit par causer une égale fatigue à tous les deux.

L'Adoration des bergers, de Carle Vanloo, composition assez médiocre de cet artiste, est encore le meilleur tableau que possède Saint-Eustache. On attribue à Philippe de Champagne une fresque à demi détruite qu'on distingue à peine sur les murs d'une des chapelles latérales. Cette fresque, prétendue de Philippe de Champagne, est parfaitement apocryphe. La chaire, en revanche, exécutée sur les dessins de Soufflot, est un morceau fort apprécié de sculpture sur bois; on attribue à Pinaigrier quelques-uns des apôtres représentés sur les vitraux du chœur. Pigalle, Francis et Daniel de Volterre ont sculpté pour Saint-Eustache, le premier, la statue de la Vierge qui orne sa chapelle, les deux autres, une Mise au tombeau. Détruit deux fois par l'incendie, l'orgue, nouvellement reconstruit, est un des meilleurs qui soient en Europe : aussi la paroisse de Saint-Eustache est-elle choisie de préférence lorsqu'il s'agit d'exécuter quelque grande composition de musique religieuse.

Le grand portail de Saint-Eustache, dont l'architecture était en parfaite harmonie avec le style général de l'église, excitait à un haut degré l'admiration des Parisiens des seizième et dix-septième siècles. « Il est environné, dit un des historiens de Paris, d'un grand circuit formé de balustres, et c'est un des plus beaux de Paris pour sa largeur et l'excellence de ses ouvrages, taillés fort mignonnement et délicatement sur la pierre. »

Ce portail menaçait ruine lorsque Colbert, qui demeurait sur le territoire de la paroisse Saint-Eustache, fit don d'une somme de 20 000 francs pour en faire un neuf. Cette somme était évidemment insuffisante, et, sur les représentations qui lui furent faites par les membres de la fabrique, le ministre permit que l'on différât l'exécution du nouveau projet jusqu'à ce que les intérêts des 20 000 livres réunis au capital eussent formé un fonds assez considérable pour l'entier achèvement de cette construction.

En 1752, on fut en état de remplir la volonté du donataire, et la construction du nouveau portail fut décidée. La première pierre en fut posée avec grand apparat, le 22 mai 1754, par le duc de Chartres. Les travaux, interrompus, furent repris en 1772, suspendus de nouveau, et enfin terminés sur les dessins de Mansart de Jouy, auquel succéda Moreau, architecte du roi et de la ville de Paris.

Cette façade cependant est demeurée imparfaite ; elle peut être considérée comme une imitation malheureuse du beau portail de Servandoni à Saint-Sulpice. La largeur beaucoup trop considérable de ses entrecolonnements, surtout au second ordre, a fait concevoir des appréhensions relatives à sa solidité. Le défaut capital, d'ailleurs, de cette architecture massive, qui n'est ni grecque, ni romaine, ni ancienne, ni moderne, c'est d'être en désaccord complet avec la forme architecturale de l'édifice, et de faire avec elle une disparate choquante. Ce portail doit être reconstruit sur les dessins de MM. Baltard et Callet, qui le mettront en harmonie avec l'architecture des halles centrales qu'ils sont chargés d'édifier.

C'est dans l'église de Saint-Eustache, la grande paroisse des halles, que Molière a été baptisé.

Saint-Eustache renferme un assez grand nombre de morts illustres : la guerre, la poésie, la haute administration, et jusqu'à la grammaire, ont leurs représentants couchés sous les dalles de cette église. Voiture et Benscrade y reposent à côté de Trouville et Chevert, Colbert auprès de Vaugelas et de Lamothe-Levayer.

Le 31 avril 1791, le cercueil d'un homme qui venait de remplir le monde du bruit de sa renommée entra dans l'église de Saint-Eustache ; c'était le cercueil de Mirabeau. Il n'était là qu'en passant, si l'on peut s'exprimer ainsi, et le Panthéon attendait sa dépouille qui y fut transportée le jour même.

La fête de la Raison y fut célébrée quelque temps après en grande pompe, sous la présidence de Chaumette, et Saint-Eustache devint un des temples les plus fréquentés du culte nouveau. La déesse de la Raison ayant été mise hors la loi par le 9 thermidor et chassée de ses temples, l'église dont nous parlons fut fermée jusqu'à la conclusion du concordat par le premier consul.

Sainte Agnès a une chapelle placée sous son invocation spéciale dans l'église de Saint-Eustache ; elle est creusée sous l'axe central du monument, dont la voûte a 33 mètres d'élévation, 104 mètres de longueur et 43 mètres de largeur.

Notre-Dame de Bonne-Nouvelle.

Cette église, aujourd'hui enclavée dans un des quartiers les plus populeux et les plus animés du centre de Paris, touchait aux remparts à l'époque où Henri IV fit le siége de sa capitale, en 1593. Ce voisinage lui coûta cher, elle fut détruite de fond en comble. En 1622 seulement on songea à la rebâtir : on mit en effet la main à l'œuvre, et la nouvelle église fut terminée en 1725.

En 1825, cette église manquait de solidité, il fallut la reconstruire entièrement. Un architecte du nom de Godde fut chargé des travaux de restauration.

Schnetz a peint, pour Notre-Dame de Bonne-Nouvelle, une sainte Geneviève distribuant du pain au peuple de Paris pendant un siége soutenu par cette ville. Ce tableau est placé contre le mur du fond du bas-côté de la nef ; au-dessus de l'autel des fonts baptismaux, on remarque une statue de saint Jean-Baptiste, de Debay père, et un saint Jean évangéliste, de Duret, dans une niche du bas-côté de la nef, près la petite porte d'entrée.

QUATRIÈME ARRONDISSEMENT.

Saint-Germain l'Auxerrois.

Les peintures extérieures dont M. Mottez a enluminé le porche de Saint-Germain l'Auxerrois attirent le regard du passant et le forcent, pour ainsi dire, à s'arrêter devant la façade de cette église, dont la simplicité et les proportions réduites n'annoncent guère une paroisse royale. L'ange du jugement dernier, dont M. Marochetti a orné l'extrémité du pignon qui termine l'extrémité supérieure

Saint-Germain l'Auxerrois.

de la façade, ne contribue pas beaucoup à rendre l'ensemble de l'édifice plus imposant. L'église de Saint-Germain l'Auxerrois ne manque cependant point de grâce ni d'élégance ; l'extérieur en est orné avec le plus grand soin ; les chapelles qui entourent la nef sont d'une forme gracieuse et d'une ornementation délicate. La grille du chœur, magnifique ouvrage de serrurerie, et le banc d'œuvre, datent du règne de Louis XIV. Le banc d'œuvre est dû à la collaboration de Perrault et Lebrun. Quelques rares vitraux de la belle époque laissent encore tomber un demi-jour propice sur l'or et les couleurs qui chatoient aux murailles des chapelles latérales.

Saint-Germain l'Auxerrois a subi deux restaurations : la première sous Louis XIV, la dernière sous Louis-Philippe. On ne saurait dire laquelle a été le plus fatale à l'édifice. Sous Louis-Philippe, les murs de cette église ont été couverts de peintures à la cire dont nous ne voulons pas discuter le mérite de détail, mais qui pèchent par le défaut d'ensemble. Chaque artiste travaillant de son côté et en dehors de tout plan général, la décoration générale de l'édifice doit manquer essentiellement d'unité, défaut grave, surtout dans les œuvres d'art du genre de celles dont nous parlons. On ne s'est point montré avare de peintures pour Saint-Germain l'Auxerrois ; les commandes ont été prodiguées aux peintres : MM. Amaury Duval, Jean Gigoux, Couderc, ont décoré cette église de compositions plus ou moins archaïques et romantiques d'une valeur assez ordinaire. Les vitraux de M. Maréchal (de Metz) ne sauraient supporter un seul instant la comparaison avec ce qui reste des verrières de Jean Cousin ; et le groupe en marbre du bénitier, par M. Jouffroy, est bien loin, comme sentiment et comme expression, des sculptures sur bois qu'on admire dans la chapelle de la Passion.

Saint-Germain l'Auxerrois est une des plus anciennes églises de Paris ; d'abord désignée, pendant le règne de Chilpéric, sous le nom de Saint-Germain le Rond, à cause de sa forme, elle fut, à l'époque des invasions normandes, prise par ces pirates, qui la métamorphosèrent en forteresse et y mirent le feu en l'abandonnant. Le roi Robert le Vieux rebâtit cette église, dont aucun vestige ne subsiste, car l'église actuelle est évidemment d'une époque très-postérieure au roi dont nous venons de parler. Le grand portail paraît dater de Philippe le Bel, et le porche de 1429.

La cloche de Saint-Germain l'Auxerrois eut le triste honneur de donner le signal de cet affreux massacre de la Saint-Barthélemy, qui a laissé une ineffaçable tache de sang sur l'histoire de France. Toute la nuit, l'airain provocateur sonna le tocsin de l'assassinat. Je ne sais quoi de funeste est resté empreint sur cet édifice, deux fois violé par le peuple.

Le corps du maréchal d'Ancre, percé du poignard de Luynes, reposait à peine depuis quelques heures sous les dalles de l'église, que des gens furieux se précipitent dans le sanctuaire, déterrent le cadavre, le traînent dans les rues, le pendent et finissent par le brûler. Ceci se passait en 1617. Le 14 février 1831, l'émeute fut moins cruelle ; elle se borna à disperser quelques légitimistes qui, sous la présidence d'un bandagiste nommé Valérius, faisaient célébrer, avec un appareil assez imprudent dans un moment d'effervescence politique, un service funèbre en l'honneur du duc de Berry. Les Parisiens de 1831 ne blessèrent personne ; l'église seulement fut endommagée. On la ferma pendant plusieurs années, c'est-à-dire jusqu'en 1838, et durant cet intervalle, elle fut le siége de la mairie du quatrième arrondissement.

A cause du voisinage du Louvre, Saint-Germain-l'Auxerrois était paroisse royale. Charles X y rendait le pain bénit. Après l'émeute dont nous venons de parler, Saint-Roch remplaça Saint-Germain comme paroisse de la cour. Quand l'ancienne basilique de Chilpéric fut de nouveau rendue au culte, Louis-Philippe ne voulut pas sans doute mécontenter Saint-Roch, et les choses restèrent dans l'état où elles étaient depuis 1831. Le nouvel empereur a rendu à Saint-Germain

l'Auxerrois ses anciens priviléges de paroisse royale et
impériale.

CINQUIÈME ARRONDISSEMENT.

Saint-Laurent. — Saint-Vincent de Paul.

Saint-Laurent.

La construction du grand portail de Saint-Laurent
remonte à l'année 1622. Cette partie de l'édifice affecté
au service paroissial du cinquième arrondissement présente des traces de dégradations qui font une triste disparate avec les parties de cette église qui ont été restaurées récemment, et avec les nouvelles constructions qui
l'environnent. Il doit être prochainement réparé.

L'église Saint-Laurent est un des plus anciens édifices religieux de la capitale. Elle existait au sixième
siècle, d'après le témoignage de Grégoire de Tours, qui
en parle dans le récit qu'il nous a laissé d'un déborde-
ment extraordinaire de la Seine et de la Marne, arrivé
en 593.

On croit généralement que l'ancienne basilique Saint-
Laurent était située dans le faubourg Saint-Denis, et
qu'elle occupait, à l'époque dont il vient d'être parlé,
l'emplacement actuel de la maison Saint-Lazare. Cette
église, érigée en paroisse vers l'année 1180, fut rebâtie
dans la première moitié du quinzième siècle. On l'augmenta encore en 1548 ; enfin on la rebâtit presque entièrement au commencement du règne de Henri IV, au
moyen de quelques libéralités de ce prince, ainsi que des
aumônes et charités des bourgeois de Paris.

Saint-Laurent possède quelques vitraux modernes de
Galimard ; le chœur a été décoré par Blondel, et le

maître-autel par Lepautre ; on y remarque un tableau de sainteté, le *Martyre de Saint-Laurent*, de Greuze, dont le talent convenait mieux à d'autres sujets.

Saint-Vincent de Paul.

Saint-Vincent de Paul est une des églises les plus jeunes de Paris. Commencée en 1824, par M. Lepère, elle a été inaugurée dans les dernières années du règne

Saint-Vincent de Paul ; vue extérieure.

de Louis-Philippe. Elle offre, par sa construction et par sa décoration, un spécimen assez complet de l'architecture religieuse des premiers âges de l'Église, où le christianisme vivait à côté du paganisme et lui empruntait son art, en attendant que la pensée chrétienne

se fit jour dans l'architecture gothique. La préoccupa-
tion archaïque est encore plus marquée à Saint-Vincent
de Paul qu'à Notre-Dame de Lorette; l'art byzantin
s'y montre dans l'éclat des enluminures, dans la forme
de la toiture et du plafond surchargé de rosaces du ton
le plus violent, dans l'arrangement du vaisseau lui-
même, vu d'ensemble et de détail.

Flanqué de deux tourelles maigres et de forme bi-

Saint-Vincent de Paul; vue intérieure.

zarre, l'édifice semble reposer sur une espèce de tré-
teau, auquel on parvient par un escalier en pierre
d'une assez grande largeur. M. Lemaire a tracé en
relief une apothéose de saint Vincent de Paul sur le
fronton, soutenu par une triple rangée de colonnettes

d'ordre ionique; entre les deux tours, les statues des quatre évangélistes s'élèvent sur des pilastres qui divisent l'attique par distances égales.

Les peintures qui doivent orner l'intérieur de cette église ne sont point encore achevées. On remarque, en attendant, dans le chœur, un calvaire en bronze que M. Rudde a placé au milieu de l'autel, les boiseries dont sont revêtus les murs de cette partie de l'édifice, et les vitraux de M. Maréchal (de Metz).

SIXIÈME ARRONDISSEMENT.

Saint-Nicolas des Champs. — Sainte-Élisabeth. — Saint-Leu.

Saint-Nicolas des Champs.

Saint-Nicolas des Champs, qui est aujourd'hui la paroisse du sixième arrondissement, n'était originairement qu'une chapelle bâtie près du monastère de Saint-Martin des Champs, pour les familiers de ce couvent et pour les gens qui vinrent s'établir sur son territoire. Elle existait dès l'an 1119, et elle fut érigée en cure en 1184; environ trois siècles après, le nombre des paroissiens s'étant considérablement augmenté, on commença à y faire quelques additions. On y ajouta encore, en 1576, un terrain de 40 mètres carrés, sur lequel on construisit le sanctuaire et les chapelles de l'abside; ce terrain formait la petite place où l'entrée du prieuré de Saint-Martin était située. On changea alors ces dispositions, et la fabrique de Saint-Nicolas donna aux religieux du prieuré, dans la dépendance duquel elle se trouvait, la cour que l'on voit aujourd'hui rue Saint-Martin, et qui sert d'entrée au Conservatoire des arts et métiers.

Cet édifice religieux a été l'objet d'une restauration importante, il y a vingt ans. Le portail principal, dont l'ornementation est assez remarquable, et dont les sculptures sont du quinzième siècle, a été complétement réparé; les détails de la façade méridionale, qui présente une assez grande richesse, datent de l'époque du dernier agrandissement de l'église, c'est-à-dire du règne de Henri III; l'intérieur de l'église est convenablement décoré; le maître-autel est orné de quatre colonnes corinthiennes et d'un pareil nombre d'anges en stuc, ouvrage de Sarrazin; au-dessus, on voit *l'Assomption de la Vierge*, tableau en deux parties, par Vouet; des statuettes en pierre, d'une assez médiocre exécution, ont été placées dans les niches du grand portail.

L'église Saint-Nicolas des Champs a été le lieu de sépulture de plusieurs hommes célèbres à différents titres. On y voyait les tombeaux de Guillaume Budé, prévôt des marchands, de Gassendi, de Théophile Viau, poëte fantaisiste et d'une assez douteuse orthodoxie, de Mlle de Scudéri, et du paysagiste Milet, connu sous le nom de Francisque.

Sur les registres de cette paroisse, on lit :

« Le samedi 15 janvier 1763, a été baptisé dans cette église François-Joseph Talma, né le même jour, fils de Michel-Joseph Talma et de dame Mignolet, son épouse, demeurant rue des Ménétriers. »

Sainte-Élisabeth.

Il y avait, en 1626, dans la rue du Temple, un couvent de religieuses du tiers ordre de Saint-François.

Ces religieuses firent construire une église dont le portail seul existe encore avec ses pilastres d'ordre ionique et dorique. L'intérieur a été refait en 1829; il est orné de tableaux de MM. Alaux et Blondel.

Saint-Leu.

Cette église, dont la façade donne sur une des rues les moins recueillies et les moins occupées de dévotion en apparence de Paris, la rue Saint-Denis, mérite une excursion particulière, non point à cause de son architecture qui n'offre rien de particulièrement remarquable, sinon la singulière élévation de son maître-autel, mais pour un portrait de saint Vincent de Paul, peint par Philippe de Champagne.

De tous les portraits du maître, celui-là est un des plus vivants : la physionomie du saint ressort avec une vivacité et une force d'expression tout à fait extraordinaires; la tête de saint Vincent de Paul n'offre point les caractères d'élévation et de majesté qu'on lit sur les traits ascétiques et graves de plus d'un grand homme d'église, mais elle respire une bonhomie dans le dévouement et l'abnégation, plus touchante que l'héroïsme.

Nous avons dit un mot tout à l'heure de l'élévation du maître-autel de cette église; elle est telle qu'on a pu pratiquer sous l'autel même un calvaire en forme de chapelle; c'est sur le sommet de ce calvaire que le prêtre dit la messe.

Parmi les divers tableaux qui ornent l'église de Saint-Leu, nous mentionnerons un *Jésus marchant sur la mer*, de Dubufe, l'auteur de *Souvenirs* et *Regrets*, et un *Saint Gilles découvert dans sa retraite par le roi des Goths*, dû au pinceau de Monvoisin. Comme sculpture, il faut jeter un coup d'œil en passant sur *la Cène* et *la Flagellation*, deux morceaux assez intéressants, qui datent de 1065, et qui fournissent un curieux échantillon de l'art à cette époque.

L'église de Saint-Leu a été bâtie en 1235 ; l'édifice actuel est une reconstruction des premières années du dix-septième siècle (1611).

SEPTIÈME ARRONDISSEMENT.

Saint-Merry. — Notre-Dame-des-Blancs-Manteaux. — Saint-Jean Saint-François. — Saint-Denis.

Saint-Merry.

La première pierre de cet édifice fut posée sous le règne de François Ier, et la dernière en 1612. A peine était-elle complétement terminée, qu'il fallut songer à la restaurer. Cette entreprise, assez maladroitement exécutée sous Louis XIV, laissa subsister pourtant encore certaines traces au moyen desquelles on peut deviner la gracieuse hardiesse du plan primitif de l'église.

Les frères Slodtz ont orné le chœur de Saint-Merry de sculptures remarquables comme tous les travaux sortis du ciseau de ces artistes ; Pinaigrier y a laissé quelques-uns de ces admirables vitraux qui font le désespoir des artistes cherchant le secret de cet art à demi perdu. Carle Vanloo a deux beaux tableaux dans cette église, une *Vierge* et un *saint Charles Borromée.*

Les chapelles latérales de Saint-Merry ont été peintes par MM. Théodore Chassériau, Amaury Duval et Henri

Lehmann. Il faut aussi mentionner M. Lépaulle parmi les peintres religieux de cette église.

On n'a point oublié la lutte terrible dont le cloître

Saint-Merry.

Saint-Merry fut le théâtre pendant les journées des 5 et 6 juin 1832.

Notre-Dame des Blancs-Manteaux.

Les religieuses guillemites firent construire cette église en 1687. Son entrée ressemble tout à fait à celle d'une maison particulière.

Saint-Jean Saint-François.

Ancienne chapelle de capucins dédiée à saint François d'Assise, construite en 1623 et attenant à l'hôtel de Soubise; sa décoration est assez riche; elle est ornée de plusieurs tableaux : un *saint Louis*, entre autres, d'Ary Scheffer, et un *Christ baptisé* de Paulin Guérin.

Saint-Denis.

Cette église occupe l'emplacement d'une ancienne chapelle détruite en 1828. Il faut y aller voir une admirable *Pieta* de M. Eugène Delacroix.

HUITIÈME ARRONDISSEMENT.

Sainte-Marguerite. — Saint-Antoine. —
Saint-Ambroise de Popincourt.

Sainte-Marguerite.

Bâtie en 1752, cette église se recommande à l'attention par quelques œuvres assez remarquables de peinture et de sculpture. Nous citerons d'abord une *Descente de croix* de Lesueur, deux grisailles de Brunetti, dans la chapelle érigée en 1765 par l'architecte Louis. La première de ces grisailles représente *Adam et Ève chassés du paradis;* la seconde, *la Mort des patriarches.*

Le Lorrain et Neuriston, élèves de Girardon, ont exécuté sur les dessins de ce maître le bas-relief du maître-autel, dont le sujet est une *Descente de croix.*

Le célèbre mécanicien Vaucanson est enterré dans cette église; un petit cimetière y attenait encore à l'époque de la révolution, et c'est là, assure-t-on, que furent ensevelis les restes du Dauphin fils de Louis XVI.

Saint-Antoine.

Église bâtie en 1701, sans aucune valeur d'art ou d'histoire.

Saint-Ambroise.

La construction de cette église remonte à 1539; elle fut agrandie en 1818, sur les plans de M. Gode. Avant la révolution, elle servait de chapelle au couvent des *Annonciades*. Elle renferme plusieurs tableaux et statues qui ne méritent pas une mention spéciale.

NEUVIÈME ARRONDISSEMENT.

Notre-Dame. — Saint-Gervais. — Saint-Louis en l'Ile. — Saint-Paul Saint-Louis. — La Sainte-Chapelle.

Notre-Dame.

« Il est à coup sûr peu de plus belles pages architecturales que cette façade, où, successivement et à la fois, les trois portails creusés en ogive, le cordon brodé et dentelé des vingt-huit niches royales, l'immense rosace centrale, flanquée de ses deux fenêtres latérales comme le prêtre du diacre et du sous-diacre, la haute et frêle galerie d'arcades à trèfles qui porte une lourde plate-forme sur ses fines colonnettes, enfin les deux noires et massives tours avec leurs auvents d'ardoise, parties harmonieuses d'un tout magnifique, superposées en étages gigantesques, se développent à l'œil, en

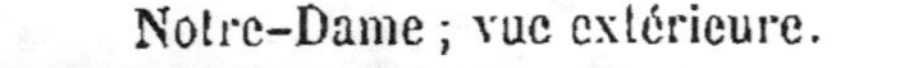

Notre-Dame ; vue extérieure.

foule et sans trouble, avec leurs innombrables détails
de statuaire, de sculpture et de ciselure, ralliés puis-
samment à la tranquille grandeur de l'ensemble ; vaste
symphonie en pierre, pour ainsi dire, œuvre colossale
d'un homme et d'un peuple tout ensemble, une et com-
plexe comme les iliades et les *romanceros* dont elle est
sœur ; produit prodigieux de la cotisation de toutes les
forces d'une époque, où sur chaque pierre on voit jaillir
en cent façons la fantaisie de l'ouvrier disciplinée par
le génie de l'artiste ; sorte de création humaine, en un
mot, puissante et féconde comme la création divine
dont elle semble avoir dérobé le double caractère :
variété, éternité. »

Ainsi s'exprime l'illustre auteur de *Notre-Dame de
Paris*, et la citation de cette page pleine de grandeur
nous dispensera de toute autre description.

La basilique métropolitaine de Paris est en ce moment soumise à un travail de restauration commencé
il y a dix ans, interrompu, repris plus d'une fois depuis cette époque, et touchant maintenant à sa fin. Ce
vénérable édifice portait de nombreux stigmates que
lui avait imprimés le passage des sept siècles qui se
sont écoulés depuis sa fondation. Déjà, à la fin du siècle
dernier et au commencement du siècle présent, les réparations les plus urgentes avaient été faites aux parties le plus fortement endommagées, lorsque l'administration résolut, en 1845, de faire exécuter la complète restauration de l'édifice sur un plan en harmonie
avec son importance au point de vue historique et
religieux.

Les réparations commencèrent par le grand portail
et les deux tours qui le couronnent. Certaines parties
en ont été reprises pierre à pierre, et ces travaux sont
depuis longtemps terminés. La façade, qui se profile

au midi du côté de la rivière, a été également l'objet
de nombreux travaux de restauration. Les fenêtres des
chapelles du chœur et du sanctuaire, ainsi que celles
des bas-côtés de la nef, ont été faites à neuf, et on a

Portail de Notre-Dame.

construit les grands arcs rampants qui soutiennent la
poussée des voûtes du chœur. Ces différentes parties
de l'édifice ont reçu des ornements qui avaient disparu
par suite de restaurations peu intelligentes.

Le sanctuaire, qui est la partie la plus ancienne de
la basilique, ainsi que l'abside, ont nécessité le plus de

soin et de travail. Ces parties de l'église, dont tous les ornements de pierre produisent un effet si pittoresque, ont été entièrement renouvelées et paraissent sortir des mains de l'architecte primitif. Il reste à exécuter maintenant les réparations de la façade septentrionale, qui présente de nombreuses traces de dégradation. Ces travaux ont été poussés avec activité pendant la campagne dernière. On peut en juger par ce seul fait que cinq cents mètres cubes de pierre dure et moellons, provenant de la démolition des parties reconstruites, ont été vendus au profit de l'État par l'administration des domaines.

Les plates-formes des deux tours ont reçu diverses réparations; on a replacé les deux guérites de pierre à pignon pointu où se tenaient autrefois les guetteurs.

Les monuments de l'art gothique ne s'achevaient point dans l'intervalle d'une génération à une autre; il a fallu trois siècles pour terminer complétement Notre-Dame de Paris. Commencée en 1113, elle n'était point encore achevée en 1447. Charles VII était alors sur le trône, et, sous son règne, le produit de l'impôt de la régale fut affecté aux travaux de l'église métropolitaine, dont le pape Alexandre III, exilé de Rome, avait posé la première pierre. Ceci se passait sous l'épiscopat de Maurice de Sully; Eudes de Sully, son successeur, fit travailler avec ardeur à la cathédrale. Sous Philippe-Auguste, la nef et la façade étaient terminées.

Une inscription en latin, gravée sur la base du portail méridional, nous apprend que maître Jean de Chelles, appelé par l'évêque Renaud de Corbeil, commença les travaux de cette partie de l'édifice le 12 février 1257. Cinquante ans plus tard, on consacra une part de la confiscation des biens des Templiers à l'érec-

Notre-Dame ; vue intérieure.

tion du portail du nord. Autour du chœur règnent des chapelles fondées par des legs pieux dans le courant du quatorzième siècle. Jean Sans-Peur, duc de Bourgogne, donna les fonds nécessaires pour percer la porte du chœur par laquelle entraient et sortaient les chanoines. C'était le passage de l'église au cloître de Notre-Dame, qui fut longtemps comme une espèce de ville dans la ville même, lieu de calme et de repos où se retiraient loin du monde, sans le quitter tout à fait, les personnages plus ou moins célèbres qui désiraient achever leur vie entre les consolations de l'étude et celles de la dévotion.

Pendant la révolution, Chaumette fit enlever les statues des rois de France qui garnissaient les arcades de la galerie située au-dessous de la grande rosace de la façade, et transforma la basilique en temple de la Raison. Les royales effigies viennent d'être replacées sur leur piédestal; elles sont dues entièrement au ciseau d'artistes modernes.

Cette église, qui a vu le couronnement de Napoléon par Pie VII, après tant d'autres événements mémorables, mesure 128^m,68 de longueur, 48^m,07 de largeur et 33^m,77 de hauteur. Les tours sont hautes de 68 mètres. C'est de là que Victor Hugo a écrit son admirable chapitre: *Paris à vol d'oiseau.* On monte au sommet des tours par une porte latérale située à gauche du grand portail, moyennant une rétribution de 10 centimes par personne. De cette élévation, l'œil embrasse le panorama complet de Paris et de ses environs. La paroisse de Notre-Dame compte parmi ses marguilliers MM. de Tascher, de Pastoret et de Montalembert.

Saint-Gervais.

Lorsque Jacques Debrosse éleva le beau portail qu'on

admire encore à l'église de Saint-Gervais, sa noble construction et sa forme pyramidale firent regretter que l'œil du spectateur ne pût en embrasser l'ensemble. Turgot, prévôt des marchands, commanda en vain les plans d'une place parfaitement en harmonie avec le monument dont il voulait faire jouir les amis de la belle architecture; rien ne put persuader aux propriétaires des maisons voisines de les vendre à la ville. La loi d'expropriation pour utilité publique n'existait pas encore. Grâce à elle, le préfet de la Seine a pu venir facilement à bout d'une entreprise inutilement tentée par le prévôt des marchands, et aujourd'hui le portail de Jacques Debrosse, débarrassé de toutes les constructions qui le masquaient, se présente devant le spectateur dans toute l'intégrité de ses proportions harmonieuses.

Ce portail, construit en 1616, mérite la réputation dont il jouit, et ne concorde point cependant avec la physionomie architecturale de l'église, commencée au treizième siècle et terminée au quinzième. Quelques réparations ont été faites dans cette église. Sur la façade, on a placé la statue de saint Gervais d'un côté, et la statue de saint Protais de l'autre : c'est un des derniers ouvrages d'Antonin Moyne; saint Gervais est dû au ciseau d'Auguste Préault, qui a également sculpté, pour la chapelle des fonts baptismaux, un Christ en bois qui a soulevé une assez vive controverse dans la presse, et dont l'expression profonde et saisissante produit un effet douloureux auquel il est difficile de se soustraire. Le sacristain ou le bedeau chargé de montrer l'église aux visiteurs attribue hardiment au Pérugin et à Albert Durer deux peintures gothiques qui ne rappellent en rien le talent de ces maîtres illustres. Le peintre Philippe de Champaigne, les deux chanceliers

Boucherat et Letellier, Ducange, et Scarron, le jovial auteur du *Roman comique*, reposent sous les dalles de cette église.

Saint-Louis en l'Ile.

La bizarrerie et le mauvais goût du clocher de cette église est peut-être ce qu'elle offre de plus remarquable. Trois architectes ont travaillé à sa construction ; Levau la commença en 1664, Leduc la continua, elle fut terminée en 1726 par Danet. Ce n'est qu'en 1765 que l'affreux clocher dont nous venons de parler vint étonner et affliger les amis de l'architecture. La disposition intérieure de cette église ne manque cependant ni de grâce ni d'élégance, elle est ornée de sculptures dessinées par le neveu de Philippe de Champaigne. Coypel, Mignard, Simon Vouet, sont les principaux maîtres dont les ouvrages garnissent les chapelles de cet édifice : le premier y a laissé *les Disciples d'Emmaüs ;* le troisième, un *saint Louis mourant ;* la *Vierge* de Mignard est dans la nef.

L'église de Saint-Louis en l'Ile renferme la dépouille mortelle du profane Quinault.

Saint-Paul Saint-Louis.

Vicit ut David, œdificat ut Salomon. « Victorieux comme David, il bâtit un temple comme Salomon, » telle est l'inscription de la médaille gravée en 1627 à l'occasion de la pose de la première pierre de cette église, dont le roi Louis XIII voulut faire les frais. C'est un petit cadeau qu'il faisait aux jésuites pour entretenir leur amitié. Les bons pères prouvèrent leur reconnaissance au roi en le comparant à David ; quant à l'église, elle ne rappelle que de fort loin les magnificences du temple de Salomon, quoiqu'on ait déployé dans sa décoration cette richesse de mauvais goût, ce faste et cette emphase, s'il est permis de s'exprimer ainsi, qui est le cachet de l'architecture des jésuites et dont ils ont laissé tant de traces dans une foule de monuments construits par les maîtres de leur école. C'est le père Derrand, un des plus célèbres parmi ces derniers, qui fournit les plans de cette église, qui remplaça un autre monument de moindre importance élevé par les jésuites en 1580, à l'époque où le cardinal de Bourbon donna à l'ordre l'hôtel dont il était propriétaire pour devenir le siége de la maison professe. Nous avons dit que la première pierre de Saint-Louis Saint-Paul avait été posée en 1627, l'église entière fut terminée en 1641. En 1634, Richelieu, voulant s'associer aux libéralités de son maître, avait fait construire le portail.

Saint-Louis Saint-Paul fut la seconde église de Paris ornée d'une coupole. Pendant longtemps, cette église resta une des plus importantes de Paris. Louis XIII et Louis XIV aimaient tant les jésuites, qu'ils voulurent qu'après leur mort leur cœur restât parmi eux. Des princes de la famille royale les imitèrent. Le grand Condé leur légua son corps tout entier. Le tombeau du héros a disparu, l'église garde encore les cendres de Bourdaloue.

Le Christ au jardin des Olives, peinture d'Eugène Delacroix, qui porte la date de 1819, est la seule œuvre d'art qui puisse attirer les amateurs à Saint-Louis Saint-Paul. Cette église aimée des rois n'est plus qu'une simple paroisse, de même que la maison professe qui y était annexée n'est plus, sous le patronage de Charlemagne, qu'un simple lycée de l'Université.

La Sainte-Chapelle.

Pour ne pas compliquer notre notice sur le palais de justice, dont elle fait partie, nous plaçons la descrip-

La Sainte-Chapelle ; vue extérieure.

tion de la Sainte-Chapelle à la suite de celle des églises du neuvième arrondissement, qui embrasse toute la Cité.

La Sainte-Chapelle a été construite par saint Louis, pour recevoir la couronne d'épines du Sauveur, le fer de lance dont il fut percé, l'éponge qui servit à l'abreuver de vinaigre, le roseau qu'on lui donna pour sceptre, un morceau de la croix sur laquelle il fut crucifié, et quelques autres menues reliques que lui céda Baudouin, empereur de Constantinople, à charge par saint Louis de payer les sommes considérables que les Vénitiens avaient bien voulu avancer aux Latins sur ce nantissement. Eudes de Montreuil déploya dans la construction de cet édifice toutes les grâces que l'architecture gothique venait d'emprunter aux Arabes : on eût dit un véritable travail de bijouterie.

La Sainte-Chapelle est double à l'intérieur, et formée d'une nef unique. Un escalier, précédé d'un vestibule en ogive, conduit à la chapelle supérieure. La plate-forme qui couronne l'escalier est terminée, au niveau de la rosace, par une balustrade en aiguilles; la base du fronton, également accompagnée d'aiguilles dépassant son sommet, est aussi entourée d'une balustrade; de légers jambages, dont les intervalles sont remplis par des fenêtres en ogive, surmontées d'aiguilles d'une grande délicatesse de dessin, viennent se rejoindre au rond-point. Les sculptures du portail de la chapelle supérieure représentaient le Jugement dernier; une statue de Jésus-Christ tenant d'une main un globe, de l'autre donnant la bénédiction, remplissait le pilier séparant les deux battants de la porte; les prophètes étaient sculptés dans le support garni à droite par des hiéroglyphes, à gauche par l'histoire de Jonas; dans un écusson placé au-dessous, la fleur de lis de saint Louis se mêlait aux armes de Castille, en souvenir de Blanche de Castille, sa mère. Les vitraux, qui subsistent encore, sont contemporains de l'édifice, à l'exception de celui qui représente une vision de l'Apocalypse, au-dessus de la porte.

La partie inférieure, nommée *chapelle basse*, servait

de sépulture aux chanoines et à quelques habitants du quartier. Boileau y fut enterré à l'endroit même, dit-on, où s'élevait le lutrin qu'il avait célébré. Un simple rang de colonnettes circulaires supporte la partie su-

La Sainte-Chapelle ; vue intérieure.

périeure. Une image de la Vierge ornait le portail de la chapelle basse ; elle fut renversée en 1793, ainsi que toutes les statues des niches extérieures.

Raoul, l'orfévre de Philippe le Hardi, avait fabriqué pour le maître-autel un modèle en vermeil de la Sainte-Chapelle. Ce modèle servait de tabernacle. Une Notre-Dame de la Pitié, en terre cuite, de Germain Pilon, qui a longtemps figuré au Musée des Petits-Augustins, ornait la partie inférieure du buffet de l'orgue. La sardonyx à trois couleurs représentant l'apothéose d'Auguste faisait partie du trésor de la Sainte-Chapelle. Cette pierre précieuse, déposée au cabinet des médailles, fut volée ; un hasard miraculeux la fit retrouver. Un buste en agate de Titus surmontait le bâton du *chantre*, dignité fondée en 1319 par Philippe le Long, pour prendre rang après celles de *maître chapelain*, de *maître gouverneur*, ou de *trésorier*, titres servant à désigner également le chef des desservants de cette basilique, qui ne relevait que du saint-siége. Le maître chapelain portait la mitre et l'anneau épiscopal.

Tous les ans, dit la chronique, saint Louis se rendait le vendredi saint, suivi de toute sa cour, à la Sainte-Chapelle, et, la couronne en tête, revêtu des habits royaux, il exposait lui-même les reliques de la Passion à la vénération des fidèles. Plusieurs de ses successeurs suivirent cet usage, qui finit par tomber en désuétude, et les rois ne vinrent plus visiter la Sainte-Chapelle que les jours où quelque affaire d'État rendait leur présence nécessaire au parlement. C'est par l'escalier de la Sainte-Chapelle qu'ils faisaient leur entrée dans le sanctuaire de la justice.

La Sainte-Chapelle était devenue un dépôt d'archives, et il n'en restait guère que les quatre murailles lorsqu'on entreprit sa restauration particulière, en même temps que la restauration générale du palais de Justice. Ce travail est fort avancé aujourd'hui, et déjà on voit surgir au-dessus des maisons du quartier l'élégante flèche qui s'élevait entre la nef et le sanctuaire.

DIXIÈME ARRONDISSEMENT.

Saint-Thomas d'Aquin. — Notre-Dame de l'Abbaye aux Bois. — Les Missions étrangères. — Sainte-Valère. — Saint-Pierre du Gros-Caillou. — Saint-Louis des Invalides.

Saint-Thomas d'Aquin.

Cette église est située sur la place à laquelle elle donne son nom, près de la rue du Bac et de la rue de Grenelle. Le portail sous lequel nous allons passer pour pénétrer dans le sanctuaire a été dessiné par le frère jacobin Bulet, et terminé en 1787.

L'administration municipale, qui a fait exécuter dans les principaux édifices religieux de la capitale d'importants travaux de décoration intérieure et de restauration des peintures à fresque, malheureusement en petit nombre, qui s'y trouvaient à l'époque du rétablissement du culte catholique, va, dit-on, faire prochainement réparer une des plus belles pages qui soient sorties du pinceau de Lemoine, et qui décore le plafond de l'église paroissiale dont nous nous occupons. Cette vaste composition représente la Transfiguration, et elle est aujourd'hui presque complétement détériorée.

Cette fresque fut exécutée par Lemoine pour l'église des Jacobins du faubourg Saint-Germain, qui est devenue, depuis 1802, la paroisse du dixième arrondissement, sous le vocable de Saint-Thomas d'Aquin. Cet édifice fut élevé sur les plans d'un religieux jacobin nommé Pierre Bulet. La première pierre en fut posée le 5 mars 1682, et il ne fut achevé qu'en 1740.

Les proportions de cette église sont assez médiocres.

Une ordonnance de colonnes doriques surmontée d'une autre de colonnes ioniques caractérise sa façade. A l'intérieur règne l'ordre corinthien. Cet intérieur était autrefois orné de tableaux et de monuments sépulcraux qui disparurent après 1790, époque où le couvent des Dominicains, connus sous le nom de Jacobins à Paris, fut supprimé.

L'église de Saint-Thomas d'Aquin a conservé l'intégrité de son architecture ; elle a été reblanchie et décorée de quelques peintures murales de M. Blondel. On y voit aussi une *Descente de croix*, de Guillemot ; *Saint-Thomas apaisant la tempête*, d'Ary Scheffer, et *le Christ sur la montagne*, paysage de M. Édouard Bertin ; mais la *Transfiguration*, de Lemoine, est encore aujourd'hui le principal ornement de cet édifice.

Au dix-septième et au dix-huitième siècle, les jardins du couvent des Jacobins, dont l'église de Saint-Thomas d'Aquin était une dépendance, formaient une sorte de promenade d'élite pour les gens privilégiés des environs. Avoir dans sa poche une clef du jardin des Jacobins constituait une espèce de distinction dont les religieux se montraient fort avares, et qui, par cela même, n'en était que plus recherchée.

Notre-Dame de l'Abbaye aux Bois.

Le séjour de Mme Récamier dans les bâtiments qui formaient l'ancien cloître de cette église, et le souvenir de M. de Chateaubriand, lui ont donné un vernis littéraire et poétique tout particulier. Un *Christ* de Lebrun est le seul tableau digne d'être nommé qu'on voie dans cette église, élevée en 1718 par la duchesse d'Orléans ; elle tire son nom des religieuses de l'abbaye de Notre-Dame aux Bois, près de Noyon, qui vinrent s'établir à Paris, sous la régence d'Anne d'Autriche.

Les Missions étrangères.

M⁸ʳ Bernard, évêque de Babylone, fonda de ses propres deniers le séminaire des Missions étrangères, établissement destiné à former des prêtres chargés de prêcher l'Évangile aux nations païennes. L'église dont nous parlons remplaça, en 1683, la modeste chapelle des premiers missionnaires. Cette nouvelle chapelle est double et n'offre rien de particulièrement remarquable. Le maître-autel est orné d'une *Adoration des mages* par Carle Vanloo.

Saint-Louis des Invalides.

Cette église se compose de deux églises, s'il est permis de s'exprimer ainsi ; le maître-autel est en commun ; on pénètre de la première dans la seconde, dite du Dôme, qui seule mérite de nous occuper. Il faut se placer au midi, si on veut jouir de son effet complet. Un portail élevé sur des degrés et enrichi de tous les ornements que comportent les ordres dorique et corinthien, sert d'entrée à ce dôme. L'attique de la coupole est supporté par un troisième ordre de colonnes corinthiennes qui règne autour du tambour. Une lanterne, surmontée d'une aiguille terminée par une croix, s'élève au-dessus de la coupole.

Cette composition architecturale, d'une forme svelte et élégante, offre un coup d'œil qui paraîtrait peut-être plus imposant encore, sans le dessin un peu grêle du portail. Toutes les magnificences de l'architecture du temps de Louis XIV ont été prodiguées dans la décoration de l'intérieur. Quatre chapelles partent du centre

de la rotonde, tandis que l'autel s'élève dans un sanctuaire pratiqué entre l'église et le dôme, dont Jouvenet
a peint la voûte, divisée en douze compartiments, pour
recevoir les douze apôtres. *L'Apothéose de saint Louis,*
par Lafosse, remplit la seconde coupole ; Noël Coypel
a retracé le Mystère de la trinité et l'Assomption de la

Saint-Louis des Invalides.

Vierge sur la voûte du sanctuaire ; Boulongne aîné et
Boulongne le jeune ont orné de peintures remarquables
les chapelles de Saint-Jérôme et de Saint-Augustin.

Une statue de saint Louis par Lemoine, les orne-
ments de l'autel par Coustou jeune et Vanclève, un
Charlemagne par Coyzevox, un *saint Ambroise* par
Slodtz, sont les principaux morceaux de sculpture de
cette église. La chaire a été exécutée sur des dessins de
Vassé.

L'œuvre de Mansart, dont on ne peut méconnaître le caractère majestueux, gagnerait beaucoup à une séparation plus nette entre les deux églises ; tel qu'il se présente aujourd'hui, l'effet reste toujours un peu confus. La grande porte du dôme ne s'ouvrait autrefois que pour les rois ; à la coupole sont suspendus encore des drapeaux pris à l'ennemi sous l'empire, et sauvés de la destruction par M. Pasquier, président de la chambre des pairs, qui en fit la remise à l'église des Invalides pendant le règne de Louis-Philippe.

Au mois de janvier 1840, le corps de l'empereur Napoléon, ramené de Sainte-Hélène par le prince de Joinville, entrait dans l'église de Saint-Louis des Invalides, où l'architecte Visconti était chargé de lui construire un tombeau. Cet artiste, pour ne point dénaturer le dessin général de l'édifice, se décida à creuser une crypte destinée à recevoir le monument funèbre de Napoléon. Un escalier de marbre mène à cette crypte, fermée par une porte en bronze dont les deux côtés sont occupés par *la Force civile* et *la Force guerrière,* deux statues de M. Duret ; à droite et à gauche du vestibule sont les tombes de Duroc et de Bertrand. La crypte proprement dite, placée à 6 mètres au-dessous du sol, décrit un cercle de 11 mètres. Le tombeau est placé à ciel ouvert, sous le dôme même ; une galerie circulaire, dont M. Simart a sculpté les bas-reliefs, entoure la crypte et sert d'appui à douze figures plus grandes que nature ; un des derniers efforts du ciseau de Pradier. L'épée et les décorations portées par l'empereur, la couronne d'or offerte par la ville de Cherbourg, sont exposées dans un caveau tapissé de drapeaux conquis et éclairé par une lampe funèbre ; le sarcophage est taillé dans un bloc de granit rouge de Finlande. Comme pour servir de préface au monument funèbre, la statue de l'empereur et les douze statues des maréchaux de l'empire s'élèveront au milieu de la cour Vauban, sur laquelle s'ouvre le dôme. Au-dessus de la porte de bronze dont nous avons parlé, on lit : « Je désire que mes cendres » reposent sur les bords de la Seine, au milieu de ce » peuple français que j'ai tant aimé. »

La garde du tombeau de l'empereur est confiée à son frère, le prince maréchal Jérôme Bonaparte, ancien roi de Westphalie.

ONZIÈME ARRONDISSEMENT.

Saint-Sulpice. — Saint-Germain des Prés. — Saint-Séverin.

Saint-Sulpice.

Le nom de Saint-Sulpice rappelle plus d'un souvenir de politique mêlée à la religion. Au dix-septième siècle, les sulpiciens, tour à tour ennemis et alliés des jésuites, luttèrent d'influence avec eux ; le séminaire de Saint-Sulpice devint la pépinière préférée des prélats du royaume. Le curé de cette paroisse, la Chétardie, dirigeait Mme de Maintenon qui gouvernait Louis XIV ; le successeur de la Chétardie dût refuser les saints sacrements à la duchesse de Berry qui refusait de chasser Riom, son amant, du Luxembourg. Les curés de Saint-Sulpice ont joué un rôle dans toutes les controverses religieuses dont la France a été le théâtre. Nous nous bornerons à ces deux citations, notre tâche étant de faire l'histoire des monuments et non celle des hommes et des idées.

L'église de Saint-Sulpice est le chef-d'œuvre de Servandoni, car c'est bien lui qui en réalité l'a construite,

quoique Charles Gamart l'eût commencée en 1646, et
que d'autres architectes y aient mis la main depuis
cette époque jusqu'au moment où Servandoni prit part
ux travaux. Les successeurs de Gamart, Levau, Op-

Saint-Sulpice ; vue extérieure.

penord, Gittard, construisirent, le premier la nef, les
autres les portails des côtés ; Servandoni fut chargé de
la partie qui est, pour ainsi dire, la figure, la physionomie d'un monument, qui lui imprime un caractère,
qui lui donne le mouvement et la vie, en un mot, de
la façade. La tâche de Servandoni était d'autant plus

délicate qu'il n'avait pas conçu le plan tout entier de
l'édifice et qu'il se trouvait dans la nécessité d'être
original en tenant compte de l'inspiration étrangère.
L'architecte s'en tira, on peut le dire, par un effort de

Saint-Sulpice; vue intérieure.

génie, et l'art moderne retrouva sous la main de Servandoni les grands et majestueux effets de l'art gothique
sans lui rien emprunter.

L'arrangement intérieur de Saint-Sulpice dénote chez
Levau, qui l'a dessiné, un sentiment assez élevé de
l'architecture religieuse : ces nefs profondes, ce chœur

sur lequel une haute fenêtre verse les rayons du soleil, ce maître-autel, entouré des statues des douze apôtres, sculptées par Bouchardon, présente un aspect d'un grandiose saisissant. Servandoni, en élevant l'admirable chapelle dédiée à la Vierge, n'a rien changé au plan primitif de Levau et semble s'être attaché à en conserver le caractère. Rien n'a été épargné pour la décoration de cette chapelle, et les artistes qui ont été appelés à y concourir se sont montrés, par un hasard assez rare, aussi heureusement inspirés les uns que les autres. Carle Vanloo n'a nulle part déployé autant de finesse et de *morbidezza* de pinceau que dans les peintures dont il a orné les panneaux et les voussures. L'*Assomption* qui couvre la coupole est, sans contredit, une des meilleures compositions de Lemoine ; les frères Slodtz ont déployé dans les ornements une variété, une richesse, une fécondité vraiment merveilleuses. Il est fâcheux seulement que, pour augmenter l'effet de la statue de la Vierge, on ait cru devoir recourir à des artifices de décoration dramatique analogues à ceux que nous avons signalés dans le calvaire de Saint-Roch.

Nous ne quitterons pas l'intérieur de Saint-Sulpice sans nous arrêter un moment devant l'orgue de Cliquot ; supporté par une tribune s'appuyant sur des colonnes composites, ce qui forme une masse sévère et élégante, il prouve une fois de plus combien Servandoni avait le sentiment de la grande décoration architecturale. Un fronton, élevé par cet architecte entre les deux tours, au-dessus du second ordre, disparut frappé de la foudre en 1770 ; la régularité de la façade semble y avoir gagné ; il est plus à regretter que Servandoni n'ait pu terminer les deux tours, et que les architectes Maclaurin et Chalgrin, qui ont élevé la seconde tour, n'aient point su mettre cette construction en harmonie avec le caractère général de la façade. Depuis l'achèvement de ces travaux, les tours de Saint-Sulpice dépassent de trois mètres en hauteur celles de Notre-Dame.

C'est au zèle infatigable du curé Languet de Gergy qu'on doit l'achèvement de Saint-Sulpice. Cet ecclésiastique fit commencer les travaux avec trois cents francs en caisse. Les dons affluèrent bientôt; en 1721, le roi autorisa l'établissement d'une loterie au profit de Saint-Sulpice, et le 30 juin 1745, en présence des membres de l'assemblée générale du clergé, avait lieu la dédicace de cette église.

Pendant la révolution, Saint-Sulpice fut transformé en temple de la Victoire; les théophilanthropes en firent leur église métropolitaine. Le corps législatif offrit un banquet par souscription au général Bonaparte un mois avant le 18 brumaire; la théophilanthropie en reprit possession jusqu'à l'époque du concordat.

Saint-Germain des Prés.

Childebert Ier, fils de Clovis, paraît être le fondateur de l'abbaye de Saint-Germain des Prés, un des établissements religieux les plus importants du moyen âge. Le jour même de la mort de Childebert, l'église de l'abbaye fut inaugurée par l'évêque Germain, depuis canonisé. Ceci se passait le 23 décembre 558. Saint Germain voulut être enterré dans cette église, que les miracles dus à son intercession avaient déjà rendue fameuse, lorsque, à trois reprises différentes, en 845, 858 et 861, elle fut ravagée par les barbares normands. Reconstruite par l'abbé Gozlin, de nouveau saccagée par les Normands, l'église mérovingienne ne se releva de ses ruines qu'en 1163, époque à laquelle eut lieu sa consécration par le pape Alexandre III, qui déclara à cette occasion qu'elle ne relèverait que du saint-siége.

La tour qui surmonte l'église de Saint-Germain des Prés est le seul vestige qui reste de l'ancienne basilique de Childebert ; remarquable par son élégance, elle offre un des échantillons les plus rares et les plus complets de l'architecture romane ; le portail date du onzième siècle seulement. Cette église, dont l'architecture marque une date fort intéressante dans l'histoire de l'art, celle où, à côté de l'arceau roman, commence à poindre l'ogive gothique, a été réparée en 1653 ; une voûte remplaça le vieux lambris qui en couvrait les murs, on pratiqua des ailes sur les deux côtés. La révolution abattit dans le vestibule de l'église huit statues placées des deux côtés de la porte et représentant des rois, des reines et un évêque, sur les noms desquels les antiquaires ne sont point d'accord. Il paraît assez certain que Childebert 1er, Chilpéric 1er, Clothaire II, Clovis et Mérovée, fils de Chilpéric 1er, furent enterrés dans cette église. Elle possédait aussi les tombeaux de Pierre de Montereau, le célèbre architecte du moyen âge, du savant Mabillon. Jean-Casimir, qui fut jésuite avant de devenir roi, et qui quitta le trône pour le cloître, y a laissé son cœur ; le corps a été transporté en Pologne.

L'église de Saint-Germain des Prés vient d'être entièrement restaurée d'après un système de peinture polychrome dont l'effet est assez heureux. M. Flandrin a peint à la cire l'*Entrée de Jésus-Christ à Jérusalem,* des *Prophètes,* et un *Christ portant sa croix,* sur les murailles du chœur, qui contient en outre quelques tableaux assez médiocres de MM. Bertin, Leclercq, Verdier et Steuben. La décoration polychrome sera appliquée à l'édifice tout entier, et la restauration de l'église de Childebert ne tardera pas à être complète.

Saint-Séverin.

L'origine de cette église est fort incertaine : les uns la font remonter jusqu'à Clovis, les autres jusqu'à Childebert seulement. Une charte de Henri Ier, qui désigne cette église sous le nom de Saint-Séverin le Solitaire, donne beaucoup de force à l'opinion qui lui donne pour fondateur un pieux cénobite nommé Séverin, qui édifia longtemps les habitants de Paris par ses vertus. Après la mort de ce saint homme, on bâtit sur son tombeau une chapelle dont la vénération des fidèles rendit bientôt l'accroissement nécessaire. Les Normands la dévastèrent ; le corps du saint, soustrait à leurs fureurs, fut transporté dans la cathédrale. Rebâtie sous Henri Ier, cette église fut érigée en cure, avec le titre d'archiprêtre pour celui qui la desservait.

Cet édifice a été rebâti et agrandi à différentes époques. En 1347, le pape Clément VI accorda des indulgences pour faciliter sa reconstruction ; le 12 mai 1489, on posa la première pierre de l'aile droite et des chapelles qui sont derrière le sanctuaire ; les autres parties, telles que la tour, la nef et le chœur, étaient plus anciennes d'un siècle environ, et d'un gothique assez délicat.

Saint-Séverin, en somme, manque d'unité, c'est une mosaïque architecturale ; on a collé à cet édifice un portail de l'église de Saint-Pierre aux Bœufs, démolie il y a quelques années. Quelques amateurs complaisants ont bien voulu attribuer à Murillo un *saint Sébastien* qui orne cette église, décorée en outre d'une *Mort de Saphira*, par M. Signol, d'une *Vie de Joseph*, par M. Picot, et d'une peinture murale de la grande chapelle, par M. Signol.

La décoration du maître-autel, composée de huit colonnes de marbre, d'une coupole chargée d'ornements en bronze doré, avait été exécutée par Baptiste Tuby, d'après les dessins de Lebrun; au-dessus du maître-autel était une copie de *la Cène* de Philippe de Champaigne.

Étienne Pasquier, l'auteur des *Recherches*, les deux jumeaux Sainte-Marthe, historiographes de France, Louis Moréri, auteur du Dictionnaire qui porte son nom, reposaient dans cette église que la révolution transforma en fabrique de salpêtre.

DOUZIÈME ARRONDISSEMENT.

Sainte-Geneviève. — Saint-Étienne du Mont. — Saint-Médard. — Saint-Nicolas du Chardonnet. — Saint-Jacques du Haut-Pas.

Sainte-Geneviève.

Au temps de la ferveur romantique, la verve des fanatiques de l'art gothique s'est cruellement exercée sur le monument de Soufflot. Le grand poëte qui était alors le chef de cette école, et qui devait plus tard faire retentir son enceinte de vers éloquents en l'honneur des victimes de Juillet, alla même jusqu'à traiter le Panthéon de *gâteau de Savoie*. Ces attaques passionnées étaient fort injustes : par la grandeur imposante et l'ordonnance simple et sévère de l'ensemble, par la sobriété élégante des détails, Sainte-Geneviève se place sans effort au premier rang des édifices de Paris. Ne marchandons pas un peu de gloire posthume à cet infortuné Soufflot, qui mourut de chagrin en s'apercevant que le poids du dôme était trop lourd pour les

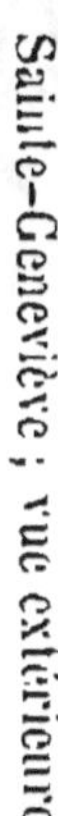

Sainte-Geneviève ; vue extérieure.

colonnes qui le supportaient; l'architecte Rondelet, pour remédier à ce vice de construction, dut remplacer les colonnes insuffisantes par des piliers reliés par des arcades massives qui ont l'inconvénient de rompre l'harmonie du dôme, destiné à former un quadrilatère parfait, dont le baron Gérard a peint les pendentifs.

La seconde des trois coupoles qui forment le dôme a été couverte par Gros d'une magnifique décoration qu'on ne peut voir malheureusement que de très-près, depuis le changement apporté à la forme même du dôme par les piliers de M. Rondelet : cette grande page de peinture murale, une des plus belles qui soient à Paris, mérite une description spéciale.

Sainte Geneviève, patronne de Paris, portée sur des nuages et accompagnée de deux anges répandant des fleurs, descend vers les quatre rois de la France dont les actions ont fait de leur règne les quatre époques les plus éclatantes de la monarchie.

La première époque est représentée par Clovis qui se convertit à la prière de sa femme, la reine Clothilde.

Charlemagne symbolise la seconde époque, et saint Louis la troisième; prosterné avec la reine, il lui montre les fruits de ses travaux pour la religion et le bonheur de ses peuples.

Louis XVIII, soutenu par la duchesse d'Angoulême, résume la quatrième époque. Il tourne ses regards vers sainte Geneviève et l'invoque pour la France; deux anges portent la table où est gravée la charte; deux autres anges déposent aux pieds du roi et de sa nièce le duc de Bordeaux.

Sous le groupe de Louis XVIII et sous un monceau de vieux lauriers jonchés de couronnes murales et de

canons enfouis, on distingue des lauriers nouveaux,
de récentes couronnes murales, sur lesquelles on lit :
Madrid, Trocadero, Cadix.

Cette peinture est à l'huile ; la pierre avait reçu

Sainte-Geneviève ; vue intérieure.

préalablement un enduit de la composition de MM. Thé-
nard et d'Arcet ; Gros estimait qu'il avait employé
environ sept années à terminer ce travail, dans lequel
il n'avait voulu accepter l'aide de personne. Charles X
vint visiter cette peinture, accompagné des principaux
personnages de la cour. Il félicita l'artiste, et l'appela

M. le baron Gros ; ce titre lui fut ensuite accordé officiellement.

Cette coupole s'élève à 216 pieds au-dessus du niveau du sol de l'église. Afin que le public puisse voir sans danger cet important travail, une rampe en fer a été placée au bord de la galerie qui entoure l'ouverture du dôme.

On monte dans cette partie de l'édifice par quatre escaliers qui donnent entrée dans l'intérieur même de la coupole. Douze colonnes circulaires, supportant une galerie, entourent le mur percé de douze fenêtres. Un attique, également percé de fenêtres, domine la galerie. Enfin vient la lanterne où se termine l'ascension : de cette hauteur on domine Paris tout entier, ses édifices, ses colonnes, ses millions de toits, le cours de la Seine, les fortifications et les coteaux boisés qui l'environnent ; l'œil peut embrasser d'un seul regard tous les monuments de la capitale et s'arrêter sur la vieille tour de Clovis, bâtie en 1031, le plus vieux de nos édifices ; sa base antique a entendu le grand Abeilard. Le point de départ de la philosophie moderne est ainsi à deux pas des caveaux du Panthéon, où reposent Voltaire et Rousseau.

Avant de sortir de l'édifice pour en étudier la forme extérieure, descendons dans ces souterrains soutenus par des piliers de Pœstum, qui les coupent en galeries d'égales dimensions qu'un jour douteux éclaire. Le gardien s'arrête et, frappant tantôt un coup sec, tantôt des coups précipités sur le pan de sa redingote qu'il tend d'une main tandis que de l'autre il abaisse et relève sa canne, simule, grâce à l'écho qui les multiplie à l'infini, la détonation du canon ou celle de la fusillade, phénomène d'acoustique qui émerveille le visiteur. Les souterrains du Panthéon étaient destinés à la sépulture des grands hommes. On y voit encore un certain nombre de monuments, notamment celui de Rousseau, qui doivent être transportés au Père-Lachaise.

Maintenant que nous sortons de la crypte, jetons un dernier regard sur l'ensemble simple et grandiose à la fois de l'église, composée de quatre nefs se rejoignant au centre de la coupole et décrivant une croix; rendons justice à la grâce majestueuse des colonnes qui séparent les bas côtés de chaque nef supportant un entablement surmonté d'une frise décorée de festons, et faisons quelques pas dans la rue Soufflot pour contempler de là plus à notre aise la façade du monument.

Vingt-deux colonnes cannelées soutiennent le fronton coupé en triangle et forment péristyle. Terminé par un simple pilastre, le mur uni sur lequel s'appuie le péristyle en fait vivement ressortir la majestueuse ordonnance. Les façades des deux côtés ne sont point indignes de la façade principale; il n'y aurait rien à reprendre à la beauté sévère de cet ensemble, si les proportions étroites et mesquines du portique qui s'ouvre sur le derrière du monument ne le déparaient un peu. Cet examen terminé, nous nous rapprocherons du monument pour examiner dans ses principaux détails l'admirable composition sculpturale dont David a orné le fronton du Panthéon.

La Patrie reconnaissante couronnant les grands hommes, tel est le sujet de cette composition, divisée en deux parties : celle des citoyens, présidée par la Liberté, et celle des soldats, présidée par l'Histoire. La première partie comprend deux groupes composés, l'un, de Malesherbes, de Mirabeau, de Monge, de Fénelon, de Manuel, de Carnot, de Berthollet, de Laplace; l'autre, du peintre David, de Cuvier, de Lafayette, derrière lesquels se tiennent Voltaire et Rousseau, et plus loin Bichat qui, d'une main à demi glacée par la mort, dépose un manuscrit inachevé sur l'autel de la patrie. Dans un coin, des jeunes gens se livrent avec ardeur à l'étude des sciences et des lettres.

La seconde partie ne contient que deux figures historiques, le général Bonaparte et Barra, l'héroïque petit tambour de la révolution. Le reste, c'est la nation armée, foule magnanime que la République fit jaillir en frappant du pied le sol de la patrie. Plusieurs soldats se précipitent vers les couronnes que leur offre la Gloire ; appuyé sur son fusil, un vétéran les contemple d'un air fier et stoïque qui semble dire qu'il place sa récompense dans le sentiment du devoir accompli. L'extrémité de ce côté du fronton est remplie par des élèves de l'École polytechnique et de l'École de Saint-Cyr. Tel est l'aspect général de ce grand morceau, digne, par la pensée et par l'exécution, des plus beaux ouvrages de l'art antique.

Sainte-Geneviève fut construite en 1751, pour remplacer une église du même vocable qui tombait en ruines. L'assemblée constituante changea la destination et le titre de cet édifice qui, sous le nom de Panthéon, dut servir désormais à honorer la mémoire des hommes illustres ou dévoués qui auraient bien mérité de la patrie. L'inscription suivante fut gravée sur son fronton :

AUX GRANDS HOMMES

LA PATRIE RECONNAISSANTE.

Voltaire, Rousseau, Mirabeau, reçurent les honneurs du Panthéon. Ce dernier en fut expulsé par un décret de la convention en même temps que Marat. Un témoin oculaire raconte ainsi les funérailles du jeune et héroïque Joubert : « On entra dans l'enceinte du Panthéon ; les tambours, voilés de crêpes, retentirent sourdement sous ces voûtes sonores. Puis un membre du conseil des Cinq-Cents éleva la voix. C'était Joseph Chénier. L'orateur se prépara à parler de mémoire du haut d'un socle qui le laissait voir tout entier. Son éloquence devait s'augmenter encore de la solennité même du lieu dont les portes ouvertes laissaient pénétrer la foule ; mais je sortis sans l'entendre : j'avais vu couler les larmes des gens du peuple en parlant du jeune général, et il me sembla que l'oraison funèbre avait été prononcée. »

En 1822, le gouvernement décida que le Panthéon serait rendu au culte ; l'inscription révolutionnaire fut remplacée par celle-ci :

D. O. M. SUB INVOC. SANCTÆ GENOVEFÆ
LUD. XV DICAVIT LUD. XVIII RESTITUIT.

« Au Dieu très-excellent, très-puissant, sous l'invo-
» cation de sainte Geneviève. Dédié par Louis XV, rendu
» au culte par Louis XVIII. »

La révolution de juillet décida que le décret de la constituante recevrait son application : l'église de Sainte-Geneviève redevint le Panthéon, on y plaça des tables de marbre sur lesquelles étaient inscrits les noms des victimes de juillet.

En 1848, M. Ledru-Rollin, membre du gouvernement provisoire et ministre de l'intérieur, décida qu'une somme annuelle serait prélevée sur les fonds des beaux-arts pour la décoration intérieure du Panthéon. Le peintre Chenavard fut chargé, sur le plan qu'il en dressa, de ce travail immense, et on a pu voir à l'exposition de 1853 quelques-uns des cartons de cette décoration, dont l'ensemble devait représenter la marche générale de la civilisation humaine. Il serait à regretter que cette œuvre, remarquable comme pensée et comme exécution, restât ensevelie sous la poussière d'un atelier et ne reçût pas une destination publique.

Un décret du mois de décembre 1851 restitue de nouveau le Panthéon au culte catholique. Ce décret a été mis à exécution en 1853. Les travaux d'appropriation se sont bornés jusqu'à ce jour à l'érection du maître-autel, des autels secondaires, et au nivellement du sol des bas côtés avec celui de la nef.

Outre Voltaire et Rousseau, parmi les morts illustres dont les restes sont encore déposés dans les souterrains du Panthéon, il faut citer Lagrange, Bougainville, Lannes, et l'auteur du monument, l'architecte Soufflot.

Sans compter le clergé ordinaire, un certain nombre de chapelains particuliers sont attachés au service spécial de l'église de Sainte-Geneviève.

Saint-Étienne du Mont.

Les cantiques des théophilanthropes ont retenti sous les voûtes de cette église, consacrée à la lecture du *Bulletin décadaire* que tous les élèves des diverses écoles réunis écoutaient en silence. Le concordat la rendit à son ancienne destination ; aujourd'hui Saint-Étienne du Mont figure au premier rang des édifices religieux de Paris, parmi lesquels il représente les dernières inspirations d'un art qui va finir. L'ogive, prête à céder la place à l'art grec et romain, brille encore d'un dernier reflet d'élégance et de poésie dans la décoration intérieure de cette église, qui attire et charme les regards par son clocher coquettement dressé, par la rose de son portail et par les riches ornements de sa façade.

Saint-Étienne du Mont appartient par son architecture au seizième et au dix-septième siècle ; commencée sous François Ier, en 1517, ce fut Marguerite de Valois, femme de Henri IV, qui posa, en 1610, la pre-

Saint-Étienne du Mont ; vue extérieure.

mière pierre de la façade. En 1221, sur l'emplacement de Saint-Étienne du Mont s'élevait une église dédiée au même saint. Un incendie la réduisit en cendres ; c'est cet édifice que François Ier voulut remplacer.

Le jubé de Saint-Étienne du Mont est célèbre par

l'harmonie gracieuse de ses proportions; il est impossible de ne point être saisi par l'aspect de ces balustrades découpées à jour, de ces rampes flexibles qui montent en tournoyant vers les piliers du chœur, et par

Saint-Étienne du Mont ; vue intérieure.

les sculptures de Biard, qui a orné la galerie du jubé de deux anges dont la forme et la pose sont empreintes à la fois de naïveté et de grandeur. Le nom de Biard mériterait d'être plus connu ; nous en dirons autant de celui de Lestocart, un des plus grands sculpteurs sur bois de l'école française, qui a laissé à Saint-Étienne du Mont une chaire qui ne le cède en rien aux chefs-d'œuvre des maîtres flamands. Laurent de Lahire a fourni les dessins de cette chaire.

Saint-Étienne du Mont est fort riche en peintures religieuses. Nous citerons : deux tableaux votifs de Largillière ; ceux de Deroy ; *saint Charles distribuant des aumônes*, belle et savante composition de Varin, qui fut le maître de Nicolas Poussin ; *la Peste*, de Jouvenet, un des plus beaux ouvrages de ce maître ; un *Jugement dernier*, de Jean Cousin, et quelques tableaux imitant Porbus, Coypel et autres peintres de l'ancienne école. Les modernes sont représentés par des peintures de MM. Caminade, Grenier, Aligny et Abel de Pujol.

Le jour pénètre dans les côtés de cette église par des verrières de Pinaigrier et de Jean Cousin. Au dix-septième siècle, plusieurs hommes illustres furent enterrés sous ses dalles. L'auteur d'*Athalie* et l'auteur des *Provinciales* y reposaient à côté l'un de l'autre ; Lesueur. Tournefort, Lemaistre de Sacy, Rollin, avaient également leur sépulture à Saint-Étienne du Mont. Ces tombes ont été transportées ailleurs. En perdant ces reliques profanes, l'église a gardé celles de la patronne de Paris, sainte Geneviève, dont la neuvaine attire chaque année une foule innombrable de fidèles, qui viennent prier sur le tombeau de la divine pastourelle et se munir de chapelets et d'images bénies à la foire pieuse qui se tient à cette époque devant Saint-Étienne du Mont.

Saint-Médard.

C'est une ancienne chapelle du douzième siècle qui successivement réparée et transformée, est devenue l'église actuelle. Cette église a conquis une grande célébrité dans l'histoire religieuse de la France, par les miracles dont son cimetière devint le théâtre.

Un mendiant, selon les uns, ou, selon les autres, un abbé nommé Bécherand, dit M. Lenfray dans son livre l'*Église et les philosophes*, janséniste d'opinion et boiteux de naissance, s'avisa un jour de faire guérir sa jambe malade par l'intercession d'un diacre Pâris, mort récemment en odeur de sainteté, et bien et dûment enterré au cimetière de Saint-Médard. Le voilà aussitôt qui s'installe sur la tombe où gisait cet honnête cadavre, attendant sa guérison avec foi et patience. La nouveauté du spectacle attira des curieux. Les uns le raillent, les autres prennent parti pour lui. Quant au boiteux, sûr de son fait, il prie, il espère. Après plusieurs semaines de ce régime, sa jambe ne se modifiant pas, notre homme tombe en convulsions sur la tombe du saint. Ces convulsions ayant été très-productives pour lui le premier jour, il en fait une crise périodique qui le prend à heure fixe. La foule accourt, on crie au prodige. Des femmes d'abord, êtres nerveux à l'imagination exaltée, puis des dévots, cerveaux malades et fêlés, se déclarent atteints du mal mystérieux qui possède l'infirme; il devient une maladie épidémique. Bientôt on les voit s'agiter, trépigner, hurler en chœur autour de lui. Les femmes se roulent sur le sol, pâmées, à demi nues, le regard effaré, écumantes comme des sibylles que visite le Dieu. A la fin de chaque séance, on mesure la jambe miraculeuse du boiteux. Il y eut tel jour où il fut constaté par procès-verbal qu'elle s'était allongée d'une ligne.

La police mit fin à ces scènes ridicules, et un plaisant afficha sur la porte du cimetière le distique bien connu :

De par le roi, défense à Dieu
De faire miracle en ce lieu.

Malgré la police, les miracles n'en continuèrent pas moins ; les procès-verbaux de la secte des convulsionnaires en font foi.

Située dans la rue Moufftetard, une des plus pauvres de Paris, l'église de Saint-Médard-ne serait qu'un nom de plus sur le catalogue des monuments religieux de la capitale, sans les souvenirs de fanatisme religieux que les adorateurs du diacre Pâris y ont attachés. L'avocat Patru et le grand moraliste de Port-Royal y furent enterrés. Cette église possède une singularité d'art qu'il faut signaler ; nous voulons parler d'un tableau de sainteté représentant une *sainte Geneviève*, peint par l'auteur du *Voyage à Cythère*, le galant Watteau.

Saint-Jacques du Haut-Pas.

Cette église a une double origine aristocratique et populaire qui mérite d'être signalée. La fameuse duchesse de Longueville paya une partie des dépenses qu'entraîna sa construction, les carriers fournirent gratuitement la pierre, et les ouvriers des divers corps de métiers domiciliés sur la circonscription de la paroisse consacrèrent une journée de travail par semaine à l'achèvement de l'édifice, dont Gaston d'Orléans posa la première pierre.

Saint-Jacques du Haut-Pas, outre une statue du patron de l'église, due au ciseau de Foyatier, possède un *Christ aux enfers*, du baron Gérard ; un *saint Pierre*, de Restout ; *la Foi, l'Espérance, la Charité, la Religion*, de Lesueur, ou du moins qu'on lui attribue. Nous ne parlerons que pour mémoire d'un *Christ au tombeau*, de Degeorges, et de quatre saints qui rappellent la manière de Valentin.

Cette église renferme les tombeaux de l'astronome

Cassini et du philanthrope Cochin, qui a donné son nom à un des hôpitaux de Paris.

Saint-Nicolas du Chardonnet.

Cette église, perdue dans un des quartiers les plus indigents de Paris, est riche cependant en objets d'art. Le peintre officiel de Louis XIV, l'historiographe sur toile du grand roi, Lebrun avait voulu de sa propre main dessiner le plan du tombeau de sa mère. Le monument funèbre occupe une place importante dans une chapelle de cette église dite de Saint-Charles. Il a été exécuté par Collignon. Lebrun lui-même repose à côté de sa mère, dont la place est marquée par une pyramide flanquée de figures allégoriques et dont le médaillon de Lebrun, sculpté par Coysevox, occupe le milieu.

Saurin a peint pour Saint-Nicolas du Chardonnet *les Disciples d'Emmaüs ;* Valentin ou un de ses meilleurs élèves, un *Christ mort ;* Lebrun, un *saint Charles Borromée ;* Lesueur, un *saint Bernard ;* Mignard, un *Christ au tombeau ;* Charles Coypel, *la Manne au désert.*

Comme Saint-Médard et comme plusieurs autres églises de Paris, Saint-Victor ne fut d'abord qu'une chapelle. Erigée en paroisse treize ans après son érection, c'est-à-dire en 1243, elle tombait presque en ruines en 1606, où on mit la main à sa reconstruction ; en 1759, elle était achevée et montrait pour la première fois aux fidèles son pavé et ses colonnes de marbre.

Le Val-de-Grâce.

Cette église fut d'abord une dépendance du couvent du Val-de-Grâce, fondé par la reine Anne d'Autriche.

Louis XIV encore enfant posa la première pierre de
cet édifice, en 1645. Ce fut là, pour ainsi dire, le premier début en maçonnerie de ce roi, qui devait porter
si loin le goût des constructions qu'il s'en accusa à son
lit de mort comme d'un vice, et qu'il crut devoir exhor-
ter solennellement son succes-
seur à ne le point imiter sur ce
point.

Plusieurs années s'écoulè-
rent avant que cet édifice pût
être terminé; les troubles de
la Fronde en furent la cause
principale. François Mansart
commença la construction du
Val-de-Grâce, Lemercier la
continua, Gabriel Leduc et
Pierre Lemuet la terminèrent
en 1665. Cette église n'offre de
remarquable que son dôme,
dont la courbe harmonieuse

Le Val-de-Grâce.

rappelle avec une certaine élégance le dôme du Panthéon, dont celui du Val-de-Grâce n'est qu'un diminutif
gracieux.

Mignard a peint la coupole. Cette immense composition, qui n'est qu'un vaste fouillis de personnages,
parmi lesquels on remarque la sainte Trinité et la reine
Anne d'Autriche, décèle chez l'artiste une grande habileté de main; mais voilà tout. Molière, qui se livrait
rarement à des élans lyriques, ne put se contenir devant
cet ouvrage de son ami. La coupole du Val-de-Grâce
nous a valu une ode de Molière, remarquable surtout
comme curiosité littéraire. C'est là le principal mérite
de la peinture de Mignard.

Philippe et Jean-Baptiste de Champaigne nous ont

laissé, dans la chapelle du Saint-Sacrement, des peintures d'un style d'où la sévérité n'exclut pas la grandeur. Michel Anguier, le sculpteur brillant et fastueux de la porte Saint-Denis, a orné les pendentifs de la coupole et les arcades des chapelles de sculptures qui se distinguent par une grande facilité d'exécution.

« Le Val-de-Grâce, dit Saint-Simon, fut choisi pour y faire le sacre de Dubois, comme étant monastère royal, le plus magnifique de Paris, et l'église la plus singulière. Le nouvel évêque de Cambrai, le successeur de Fénelon, voulut avoir pour un de ses assistants Massillon, célèbre prêtre de l'Oratoire. Massillon, au pied du mur, étourdi, sans ressources, sentit l'indignité de ce qui lui était proposé, balbutia, n'osa refuser. L'église fut superbement parée, toute la France invitée ; personne n'osa hasarder de ne pas s'y montrer. Il y eut des tribunes à jalousies préparées pour les ambassadeurs et autres ministres protestants. Il y en eut une autre plus magnifique pour M. le duc d'Orléans et M. le duc de Chartres, qu'il y mena. Il y en eut pour les dames, et comme M. le duc d'Orléans entra par le monastère et que la tribune se trouva au dedans, il fut ouvert à tous venants, tellement que le dehors et le dedans furent remplis de rafraîchissements de toutes sortes et d'officiers qui les faisaient et les distribuaient avec profusion. Ce désordre continua tout le reste du jour, par les tables qui furent servies, dehors et dedans, pour le subalterne de la fête et pour tout ce qui voulut s'y fourrer. Les premiers gentilshommes de M. le duc d'Orléans et ses premiers officiers firent les honneurs de la cérémonie, placèrent les gens distingués, les reçurent, les conduisirent, et d'autres de ces officiers prirent les mêmes soins à l'égard des personnes moins considérables, tandis que le guet et la police étaient occupés à faire aborder, ranger, sortir les carrosses sans nombre avec tout l'ordre et la commodité possibles. Pendant le sacre, qui fut peu décent de la part du consacré et des spectateurs, surtout en sortant de la cérémonie, M. le duc d'Orléans témoigna sa satisfaction à tout ce qu'il trouva sous sa main de gens considérables, de la peine qu'ils avaient prise ; et s'en alla dîner à Asnières avec Mᵐᵉ de Parabère. »

C'est par là que l'auteur des *Mémoires* termine son récit.

Quelques mois plus tard, une cérémonie d'un autre genre appelait encore une fois au Val-de-Grâce l'élite de la société de l'époque autour de Mˡˡᵉ de Montpensier, fille du régent, qui faisait sa première communion, avant de partir pour l'Espagne, où l'attendait l'infant fils de Philippe V, son royal fiancé. La cérémonie eut lieu au pied du maître-autel, copié presque sur celui de Saint-Pierre de Rome, et reluisant d'or et de cierges.

Ce furent là les dernières splendeurs du Val-de-Grâce. La révolution supprima, en 1790, le monastère royal. On l'employa à divers usages d'utilité locale. Ce n'est qu'en 1826 qu'il fut rendu au culte. Aujourd'hui, l'église d'Anne d'Autriche, de Louis XIV, de Dubois, de Mˡˡᵉ de Montpensier, n'est plus qu'une pauvre paroisse d'un des quartiers les plus populaires de la capitale.

Un monument qui touche encore aujourd'hui par sa simplicité même est caché dans l'église du Val-de-Grâce. C'est le tombeau de la fille de Henri IV, de la femme de Charles Iᵉʳ, de cette infortunée Henriette d'Angleterre et de France, qui, après être née sur le trône et s'y être assise, avait grand'peine à obtenir de la munificence du cardinal de Richelieu un peu de bois pour se chauffer, elle et sa fille, pendant l'hiver.

La Sorbonne.

Robert de *Sorbon* ou de *Sorbonne*, petit village de
l'ancien Rhetélois, devenu chapelain de saint Louis,
se souvenant, dans la haute fortune où il était parvenu,
des difficultés de son commencement, fonda une société

La Sorbonne.

d'ecclésiastiques séculiers chargés d'instruire les jeunes
gens pauvres qui se destinaient à l'église. Cet établissement devint peu à peu riche et célèbre ; le cardinal
de Richelieu y étudia la théologie et voulut le rebâtir à
ses frais. Lemercier, l'architecte du Palais-Cardinal, fut
chargé de reconstruire les bâtiments du collége et d'édi-

fier une église dont Richelieu posa lui-même la première pierre en 1635, et qui ne fut terminée qu'en 1653.

Cette église se compose, du côté de la place, d'un portail décoré de deux ordres, corinthien et composite, superposés ; du côté de la cour, elle est terminée également par un portail à ordre unique ; il est élevé sur des marches et couronné d'un fronton qui rappelle le Panthéon de Rome. Il est fâcheux pour l'harmonie générale de l'ensemble que les colonnes ne soient pas également espacées ; les deux étages de croisées percées sur la façade lui ôtent tout caractère. Le dôme de la Sorbonne est le premier qu'ait vu Paris. La petitesse des campaniles de ce dôme lui fait perdre une grande partie de son effet monumental. Il y a au fond de toute cette composition une emphase prétentieuse qui n'est point-faite pour plaire aux juges délicats.

Un ordre de pilastres couronné d'une corniche décore l'intérieur, rehaussé par un magnifique pavé de marbre. Philippe de Champaigne avait peint les pendentifs du dôme, et Nicolas Coypel une des petites chapelles pratiquées dans l'épaisseur des piliers ; sur le grand autel se dresse un Christ, de Michel Anguier, haut de 7 pieds sur un fond de marbre noir. Mais ce que les curieux admirent le plus dans cette église, c'est le tombeau de Richelieu. Girardon et Lebrun mirent en commun leur ciseau et leur crayon, et de cette collaboration sortit le monument un peu prétentieux qu'ils consacrèrent à la mémoire du vainqueur de la Rochelle et du fondateur de l'Académie française. Le cardinal y est représenté sur son tombeau, soutenu par la Religion et pleuré par l'Histoire, tandis que deux génies tiennent l'écusson du ministre, dont le corps était renfermé dans un caveau pratiqué sous ce mausolée, qui pèche, en général, par la mollesse de touche de l'exécution.

ÉGLISES PROTESTANTES.

Les protestants n'ont point de monument remarquable par son architecture pour y célébrer leur culte. Les lois s'y opposaient dans le passé, et aussi l'esprit sévère de la religion réformée, ennemie des pompes et des ornements extérieurs. Le principal temple des protestants était situé à Charenton. C'est là que se rendaient tous les dimanches, à pied, en carrosse, en bateau ou à cheval, selon leur fortune et leur condition, les calvinistes de la capitale. Cet édifice fut détruit, lors de la révocation de l'édit de Nantes, avec une rapidité qui tient du prodige. D'anciennes églises sont affectées aujourd'hui au culte protestant ; nous allons en dire quelques mots, en commençant par l'Oratoire.

L'Oratoire.

Ce monument, aujourd'hui complétement dégagé, à la suite des démolitions du prolongement de la rue Rivoli, ne manque ni de grâce ni d'harmonie, quoique de proportions un peu étroites. Sa façade, d'ordre corinthien, s'ouvre sur la rue Saint-Honoré, presque en face la cour des messageries Laflitte et Caillard. Le cardinal de Bérulle, qui fit construire cette église sur les plans de l'architecte Lemercier, en 1621, pour les prêtres de la congrégation de l'Oratoire qu'il venait d'instituer, ne se doutait guère qu'elle servirait un jour au libre exercice du culte protestant. C'est en 1802 qu'elle reçut cette destination. Le service divin se célèbre à l'Oratoire tous les dimanches, à onze heures un quart.

Temple de l'Oratoire.

La Visitation.

François Mansart, qui commença le Val-de-Grâce, traça, pour le couvent des Visitandines de la rue Saint-Antoine, une église terminée en 1632. A l'époque du consulat, cet édifice fut concédé aux protestants. Service divin le dimanche, à midi et demi.

Pentemont.

C'est une ancienne dépendance de l'abbaye de Notre-Dame de Pentemont, située rue de Grenelle-Saint-Germain, 108. Construite en forme de croix dont les quatre parties sont égales, cette église date de 1749 seulement. Les bâtiments de l'abbaye ont reçu une destination plus profane et servent de caserne de cavalerie. Service divin le dimanche, à onze heures.

Ces trois églises appartiennent au culte calviniste.

Les Billettes.

Ce temple tire son nom de la rue des Billettes où il est situé. C'est encore une ancienne église des Carmes déchaussés, élevée en 1745 sur les plans du frère Claude de l'ordre des Dominicains. On y remarque quelques tableaux, chose assez rare dans les temples protestants. Service le dimanche, en français à midi, en allemand à deux heures.

La Rédemption.

L'ancien entrepôt de l'octroi, placé dans la rue Chauchat, a été converti en temple. C'est une vaste salle en forme de hangar, contre laquelle on a collé un fronton postiche supporté par deux colonnes. Service divin le dimanche, à onze heures.

Ces deux églises sont du rite de la confession d'Augsbourg.

Église épiscopale.

Elle a été construite en 1833, rue d'Aguesseau, par

es soins de l'ambassade anglaise. On y voit des toiles attribuées à Annibal Carrache.

Chapelle Marbeuf.

Petit édifice dans le genre gothique, qui s'élève dans l'avenue Marbeuf, aux Champs-Élysées. Service divin le dimanche, à onze heures et à trois heures.

Ces deux églises sont du culte anglican.

A titre de renseignement, nous citerons ici :

LA CHAPELLE TAITBOUT, 44, rue de Provence, et LA CHAPELLE DE LA RUE DU TEMPLE, toutes les deux du culte évangélique réformé.

LA CHAPELLE WESLEYENNE, rue Royale.

L'ÉGLISE DES SUISSES, rue Saint-Honoré, 357.

L'ÉGLISE DES FRÈRES MORAVES, rue Miroménil, 75.

SYNAGOGUES.

Il y a deux synagogues dans Paris, l'ancienne et la nouvelle : toutes deux sont situées rue Notre-Dame-de-Nazareth.

L'ancienne synagogue est affectée aux Israélites du rite portugais, la nouvelle aux Israélites du rite allemand. Toutes les deux sont construites de la même façon et ne présentent aucune différence saillante dans leur disposition intérieure. Leur aspect extérieur n'offre rien de monumental.

Nous nous contenterons de visiter la synagogue du rite portugais, qui a été restaurée tout récemment.

Le premier objet qui frappe la vue en pénétrant dans le temple est le voile qui cache le tabernacle et une partie de l'autel, orné, à chaque extrémité, du chandelier aux sept branches symboliques. Ces deux ornements sont un don fait à la synagogue par M. le baron de Rotschild. Ils sont en bronze et d'un style convenable.

Au milieu de l'enceinte est l'estrade mystique ou

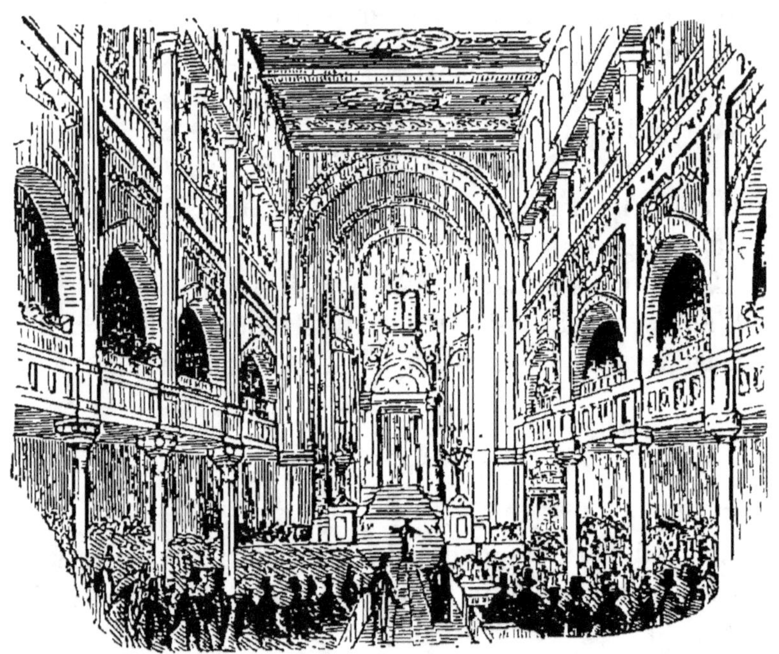

La Synagogue.

théba, où monte le rabbin pour célébrer les mystères du culte. Une galerie circulaire entoure la nef. C'est là que se tiennent les femmes pendant le service divin.

Les deux synagogues de la capitale sont extrêmement fréquentées. L'Israélite se montre, à Paris comme partout, profondément attaché à sa religion. Le scepticisme parisien, si flexible et si pénétrant, n'a pas réussi à l'entamer. On n'a, pour s'en convaincre, qu'à entrer

dans l'un des deux temples juifs, un jour où les enfants
d'Israël célèbrent quelque cérémonie de leur culte.

II. — MONUMENTS FUNÈBRES.

LA MORGUE. — LES CIMETIÈRES. — LES CATACOMBES.

La Morgue.

Avant de commencer notre excursion funèbre dans
les cimetières de Paris, arrêtons-nous un moment à la
Morgue. C'est là, en effet, comme une préparation
indispensable à notre voyage. La Morgue est la préface du cimetière.

Cet établissement, situé dans la Cité, à l'extrémité
du quai du Marché-Neuf, date du 27 thermidor an 12.
Auparavant, les cadavres retirés de la rivière ou trouvés ailleurs, et qui n'étaient pas réclamés, étaient déposés dans un caveau du petit Châtelet. La première
salle de la Morgue actuelle est consacrée à l'exposition
des cadavres, séparés des spectateurs par une barrière
tranversale. A droite se trouvent les bureaux du greffier
et la salle où se font les autopsies judiciaires ; plus
loin, la salle où s'opère le lavage des corps et le net-
toyage des habillements. Nous voici maintenant devant
la remise qui renferme le lugubre fourgon dans lequel
les morts inconnus ou non réclamés sont conduits à
leur dernière demeure, enveloppés de la funèbre ser-
pillière.

Une salle spéciale est consacrée aux cadavres que

leur état de décomposition avancée ne permet pas d'exposer aux regards du public. A l'étage supérieur est le réduit où dort le gardien de la Morgue.

Le chiffre des corps ou portions de corps que reçoit la Morgue, femmes, enfants, vieillards, adultes, fœtus, nouveau-nés, est annuellement de 350 à 400. Elle sert de lieu de dépôt aux communes de la banlieue et à celles de Meudon, Sèvres, Saint-Cloud, Argenteuil, Saint-Germain, etc., etc.

La Morgue.

Hâtons-nous de quitter ce triste monument du désespoir, de l'abandon, de la misère, de la folie et du crime. Ce n'est pas même ici le lieu du repos et du sommeil éternel. Le malheureux ne fait que passer sur ces dalles froides et oublieuses qui ne savent retenir aucun nom. Un cimetière est presque gai, s'il est permis de s'exprimer ainsi, à côté de la Morgue. Là, du moins, il y a place pour le souvenir, et l'on peut évoquer l'ombre aimée en s'agenouillant sur sa tombe.

Les Cimetières.

Les vastes nécropoles situées hors des villes, où tous les habitants viennent se confondre dans la mort, espèces de cités mortes à côté des cités vivantes, ne datent guère que de la révolution. Auparavant, les personnages illustres ou riches se faisaient enterrer dans les églises mêmes, les autres dans les cimetières attenant à chaque paroisse.

Les cimetières placés dans l'intérieur des villes n'é-
taient point sans présenter de graves inconvénients au
point de vue de la salubrité publique. Bien des épidémies
furent causées par l'existence de ces foyers d'infection
au centre même des quartiers les plus populeux. Le
marché des Innocents, si rempli, si retentissant, si
grouillant, s'il est permis de s'exprimer ainsi, cette
immense place, toute chargée des approvisionne-
ments nécessaires à la consommation de deux millions
d'habitants, était, avant la révolution, un *charnier*,
comme on disait alors. Le charnier n'était pourtant
qu'un accessoire du cimetière; il était formé par une
espèce de cloître circulaire rempli de cabarets, de ta-
vernes, de bouchons, de lieux de débauche de tous les
genres. Là se réunissaient tous les saltimbanques,
vendeurs d'orviétan, coupeurs de bourse de la capitale. En 1785, les bourgeois et les bourgeoises de la
paroisse Saint-Eustache, de la rue Saint-Honoré, n'a-
vaient pas d'autre lieu de promenade que le cimetière
des Innocents; on respirait l'air pur du soir sur un sol
où avaient pourri les générations parisiennes depuis
le maréchal Boucicaut et Nicolas Flamel, fondateurs
du cimetière des Innocents, jusqu'au règne de
Louis XVI.

L'institution des pompes funèbres, qui a suivi de près
celle des cimetières, complète le progrès accompli dans
cette voie. Si les familles ont encore à se débattre
contre certaines exigences, il faut reconnaître que
tout se passe avec bien plus de décence qu'autrefois.
Les détails et les formalités de la mort se sont simpli-
fiés. La mort elle-même perd tous les jours quelque
chose de l'aspect triste et sombre que lui avait laissé
le moyen âge, dans l'élégance, on pourrait même dire
dans la coquetterie de nos cimetières modernes. Nous

imitons les Orientaux, qui font de leurs cimetières des lieux de récréation où viennent jouer les enfants, et les hommes rêver en fumant le chibouque sous les cyprès.

Depuis la suppression des cimetières de Picpus, de Clamart, de Sainte-Catherine et de Vaugirard, trois vastes nécropoles, situées hors de l'enceinte de Paris, sont destinées à la sépulture des habitants de cette grande cité. Le cimetière du Nord ou de Montmartre fut d'abord nommé Champ du repos, et établi primitivement sur l'emplacement d'une carrière à plâtre. Quoique destiné à la sépulture des habitants des quatre premiers arrondissements, son étendue était fort circonscrite.

En 1819, il fut agrandi, et cependant, en 1824, il ne présentait que 10 hectares de superficie. Elle fut portée à 15 hectares quelques années après. Le cimetière a été continuellement depuis, quoique son étendue n'atteigne point celle du cimetière du Sud, plus connu à Paris sous le nom de Père-Lachaise, parce que ce jésuite, confesseur de Louis XIV, possédait sur le Mont-Louis une maison de plaisance.

L'enclos de Mont-Louis fut converti en cimetière le 1er prairial an 12. Bien que consacré à la sépulture des habitants des sixième, septième, huitième et neuvième arrondissements, sa superficie n'était, en 1824, que de 18 hectares.

Quinze ans après, elle avait presque doublé, et on y comptait plus de trente mille tombeaux décorés avec plus ou moins de luxe. Agrandi à diverses époques, ce cimetière, qui parait le dernier asile de prédilection des Parisiens, s'est étendu sur une grande portion des terrains du boulevard extérieur, et menace d'envahir complétement la commune de Charonne.

Le cimetière du Sud, ou de Mont-Parnasse, est plus moderne que les précédents, et ne date guère que de la fermeture de celui de Vaugirard, établi sur un emplacement trop étroit pour la population dont il devait recevoir les dépouilles mortelles. Il a été ouvert pour servir de lieu de sépulture aux habitants des dixième, onzième et douzième arrondissements.

Augmenté à différentes reprises par des acquisitions de terrains faites dans la plaine de Montrouge et près du hameau dit du *Champ d'asile,* on y a réuni dernièrement l'emplacement du cimetière des hôpitaux de la ville de Paris. On vient d'achever la construction du mur de ce vaste cimetière, qui occupe en largeur l'immense étendue de terrain comprise entre la barrière du Mont-Parnasse et la barrière d'Enfer.

Tel est le résumé général de l'histoire des cimetières de Paris ; passons maintenant à leur description particulière.

Cimetière de l'Est (le Père-Lachaise).

Le respect et la mémoire des morts sont un véritable culte pour la population parisienne. C'est aujourd'hui la grande fête funèbre, le jour que l'Église consacre à l'universelle commémoration, au deuil de tous. Suivons la foule qui se porte aux cimetières, foule composée de toutes les classes de la société : la fille du pauvre portant sa couronne d'immortelles ou son modeste pot de fleurs à la main, la grande dame, se rendent ensemble au pieux rendez-vous ; toutes les classes, ce jour-là, sont égales devant la tombe.

Le cimetière du Père-Lachaise, étant le plus vaste de Paris, est celui qui attire le plus de visiteurs. Des couronnes nouvelles parent toutes les tombes. Quelles

Cimetière du Père-Lachaise.

mains ont déposé cette moisson d'immortelles au pied du monument d'Héloïse et d'Abeilard? Les mains du peuple parisien. La légende d'Héloïse et d'Abeilard est encore vivante dans la mémoire populaire. Ce mariage de la logique et de la science, dit notre grand historien Michelet, est la plus belle légende du monde, la seule du moyen âge dont le peuple ait gardé le souvenir. Les restes des deux époux réunis dans le tombeau ont été remis à la municipalité de Nogent, en 1792, et plus tard déposés par M. Lenoir au Musée des monuments français. Ils sont maintenant au Père-Lachaise, toujours visités du peuple et chargés de couronnes.

Parmi les morts illustres qui reposent dans cette enceinte, on cite Lafontaine, Molière, Beaumarchais, Picard, Delille, l'infortuné Joseph Chénier :

> Que je repose en paix sous le gazon rustique,
> Sur les bords du ruisseau pur et mélancolique.
> Vous, amis des humains, et des champs et des vers,
> Par un doux souvenir peuplez ces lieux déserts ;
> Suspendez aux tilleuls qui forment ces bocages
> Mes derniers vêtements souillés de tant d'orages ;
> Là quelquefois encor daignez vous rassembler ;
> Là prononcez l'adieu ; que je sente couler
> Sur le sol renfermant mes cendres endormies
> Des mots partis du cœur et des larmes amies !

Ces vœux n'ont été réalisés qu'à demi. Joseph Chénier ne repose pas sous le gazon rustique au bord d'un pur ruisseau ; mais il est impossible, en foulant la tombe de ce grand poëte, de cette illustre victime de la calomnie, de lui refuser ces mots partis du cœur et ces larmes amies qu'il réclame d'une façon si touchante.

Voici maintenant les tombes : du peintre David, ornée d'un simple médaillon ; de son contemporain Prudhon, si malheureux pendant sa vie ; de Girodet, de Géricault. Après le coin des poëtes et des peintres, vient celui des

Garnier-Pagès.

Delille et la Harpe.

Bellini et Grétry.

musiciens : Méhul, Cherubini, Grétry, Hérold, Bellini et Chopin, deux tendres fleurs, l'une du Nord, l'autre du Midi, que la mort a flétries sur la terre étrangère. Talma et Potier, le rire et les larmes, reposent non loin l'un de l'autre. Cette couronne de violettes artifi-

Géricault.

Casimir Périer.

Héloïse et Abeilard.

Cuvier.

ciellcs désigne la sépulture de Mlle Mars; elle voulut qu'on déposât sur son cercueil sa fleur de prédilection, elle est restée fidèle à sa tombe. Mmes Duchesnois et Raucourt sont ensevelies au Père-Lachaise. C'est là aussi que s'est éteint pour jamais cet éclat de rire qui s'appelait Désaugiers, et que dort Parny, le poëte créole qui aurait dû délaisser les dieux et se contenter de chanter Éléonore.

Monge, Lavoisier, Chaptal, Haüy, Fourcroy, Cuvier, Dubois, Poisson, représentent les savants dans la grande métropole. L'homme de persévérance et d'abnégation, Parmentier, à qui nous devons le bienfait de la pomme de terre, y occupe aussi une modeste place, ainsi que Sicard, cet autre bienfaiteur de l'humanité.

Passons devant le fastueux monument de la comtesse Demidoff, et arrêtons-nous un moment devant la statue du général Foy, sculptée par David, magnifique composition, où le grand sculpteur a été dignement inspiré par le souvenir du grand citoyen. Cette statue a été élevée par souscription nationale. La tombe de Benjamin Constant est plus modeste; c'est là seulement que l'âme si tendre, si inquiète, si agitée de cet homme, qui fut à la fois orateur, philosophe, poëte, homme d'état, a pu connaître le repos. Non loin de là dorment Destutt de Tracy, dont le nom restera toujours cher aux amis de la liberté et de la dignité humaine, Cambacérès, Royer-Collard et Casimir Périer.

Le coin des maréchaux se compose de Suchet, Masséna, Davoust, Gouvion Saint-Cyr, Lefebvre, Pérignon, Beurnonville, Kellermann, Serrurier, Ney. Labédoyère, cette autre victime de nos discordes civiles, a sa sépulture au Père-Lachaise. Les tombeaux de Gouvion de Saint-Cyr et de Suchet, sont dus au ciseau de David.

L'amiral Sidney Smith, qui, devant Saint-Jean d'Acre, força la fortune de Bonaparte à changer de route, est enseveli au cimetière de l'Est; sur une tombe où le sculpteur David a inscrit de nobles paroles, on lit le nom d'un autre étranger, de Louis Boërne, l'éloquent publiciste allemand, le patriote de 1830, l'auteur spirituel et profond des *Lettres parisiennes*.

Frédéric Soulié et Balzac ont une simple pierre au Père-Lachaise, en attendant le monument qu'on leur promet.

Le Père-Lachaise est plutôt une promenade qu'un cimetière. Partout des arbres, des fleurs, des jardiniers qui arrosent des vases, ou, le rateau à la main, entretiennent la propreté des allées sablées.

> Si vous voulez, à l'heure où le soleil décline,
> Nous monterons tous deux sur la haute colline
>   Où dorment les aïeux.
> La ville morte auprès de la ville endormie,
>   Laquelle dort le mieux ?

a dit le poëte des *Feuilles d'automne*. C'est en effet la fin d'une belle journée qu'il faut choisir pour goûter complétement les impressions mélancoliques, et non pas tristes, que peut faire naître la vue de ce lieu. De détours en détours on parvient enfin au sommet de la colline funèbre. Le soleil qui décline dore de ses dernières clartés les coteaux de Meudon, de Saint-Cloud, et le donjon gothique de Vincennes. Peu à peu les ombres s'abaissent; aux premiers nuages du crépuscule, une lueur soudaine rougit l'horizon : c'est Paris qui s'allume. La nuit commence, les parfums des acacias en fleurs montent plus pénétrants dans l'atmosphère ; les vapeurs nocturnes ont peu à peu éteint l'illumination de la ville ; la campagne est plongée dans une obscurité profonde ; on n'entend que les préludes du rossignol s'essayant dans les branches du saule qui pleure sur le tombeau de l'auteur de Paul et Virginie.

Cimetière du Nord (Montmartre).

Champ du Repos, tel est le premier titre que porta le cimetière Montmartre, l'un des plus anciens des environs de Paris. Le sol en est inégal, et quelques élévations resserrées y forment des espèces de vallées pleines de tombes. Le tombeau de Legouvé domine une de ces élévations.

Quelquefois mes amis s'entretiendront de moi ;
Je reste dans leurs cœurs, je vivrai dans leurs larmes :
Ce tableau de la mort adoucit les alarmes,
Et l'espoir des regrets que tout le monde attend
Est un dernier bonheur à son dernier instant.

Sur l'autre face du tombeau, on lit :

Vous que j'ai tant aimé, vous me devez des pleurs.
Sur ma tombe, en offrande, apportez vos douleurs.

Au pied de la butte, un autre académicien, Saint-Lambert, est enseveli. Les rimes sont bannies de la tombe de l'auteur des *Saisons,* de l'heureux rival des plus grands hommes du dix-huitième siècle.

Voici maintenant les tombes de d'Argenson, de d'Aguesseau, du sculpteur Pigalle, de Greuze, l'auteur de tant de peintures poétiques et touchantes.

Si certains événements ne tombaient dans l'oubli avec une rapidité en raison directe du bruit qu'ils ont pu faire un moment, je vous dirais de vous arrêter devant la sépulture de Dujarrier, ce gérant de *la Presse*, tué dans un duel devenu la source d'un procès qui occupa l'ennui et le désœuvrement des dernières années du règne de Louis-Philippe.

Approchons-nous de cette pierre funéraire, et lisons les mots qui y sont tracés :

ARRIGHI BEYLE,

MILANESE.

AMO,

SCRISSE,

VISSE.

« Henri Beyle, né à Milan. Il aima, il écrivit, il » vécut. »

Cette épitaphe étrangère dissimule le nom d'un homme qui fut toujours Français par l'esprit, par le cœur et par la naissance, d'un des écrivains qui font le plus d'honneur à notre littérature, de Henri Beyle enfin, l'auteur de *Rouge et Noir*, de *la Chartreuse de Parme*, et d'une foule d'autres ouvrages d'une haute valeur. Henri Beyle fut un des esprits les plus originaux et en même temps les plus bizarres de son temps ; la plupart de ses livres ont été publiés sous le pseudonyme de Stendhal ; il signait toujours ses articles, dans les journaux ou dans les revues, d'un pseudonyme, et, comme il en changeait souvent, il est assez difficile maintenant de les reconnaître et de les retrouver.

Amoureux du déguisement pendant sa vie, Beyle a essayé de le continuer jusque dans la tombe. C'est le premier homme qui se soit travesti ainsi pour mourir. Il avait, dit-on, adopté le costume milanais à ses derniers moments, en mémoire des heureux jours qui s'étaient écoulés pour lui à Milan à diverses époques de son existence, et surtout dans sa jeunesse. Dans les derniers temps de sa vie, Beyle, qui avait le cœur très-patriote quoiqu'il n'ait pas voulu mourir avec le titre de Français, s'indignait de l'affaiblissement qu'il remarquait dans les consciences. Il n'en parlait qu'avec amertume. Il est mort peu de temps avant la chûte de la monarchie de juillet.

Inclinez-vous devant cette modeste sépulture qui renferme les restes d'un homme qui fut tour à tour membre du gouvernement provisoire, maire de Paris, président de l'assemblée constituante de 1848, et qui mourut laissant à peine de quoi subvenir aux frais de ses funérailles. Ces mots que nous venons d'écrire seraient la seule inscription à graver sur le monument qu'on élèvera un jour à Armand Marrast, et le plus beau titre de gloire pour ses enfants.

M. Duban a tracé le dessin de ce monument plein de simplicité pieuse et de chaste élégance, que M. Paul Delaroche, le peintre de l'hémicycle de l'École des beaux-arts, a fait élever à la mémoire de sa femme, fille d'Horace Vernet, et enlevée à sa famille et à ses enfants dans toute la force de l'âge et dans tout l'éclat de la beauté.

A côté de Legouvé, de Saint-Lambert et des autres célébrités enterrées dans le cimetière de Montmartre, il faut citer encore Dazincourt et l'actrice Adrienne Chameroy.

Cimetiere du Sud (Mont-Parnasse).

C'est le 24 juillet 1824 que le cimetière du Mont-Parnasse fut inauguré. Un homme qui jouit en son temps d'une célébrité assez grande, Dussault, l'un des rédacteurs du *Journal des Débats*, eut les honneurs funèbres de cette inauguration. Situé au delà des boulevards extérieurs, entre la barrière d'Enfer et celle du Mont-Parnasse, dans la plaine de Montrouge, le cimetière du Sud se présente orné de deux élégants pavillons; il forme une vaste plaine de plus de trente arpents, coupée régulièrement par des allées ombragées d'arbres.

Agrandi considérablement et entouré d'un mur d'enceinte, le cimetière dont nous nous occupons remplaça celui de Vaugirard, fermé par ordre de l'autorité supérieure. Comme tous les cimetières de Paris, il est entouré de guinguettes, de cabarets, de bals, des lieux de plaisir les plus bruyants. Les contrastes plaisent à l'homme ; il aime à placer quelquefois le théâtre de ses joies en face de la tombe.

Un des penseurs les plus célèbres et les plus profonds de ce temps-ci, Théodore Jouffroy, repose dans ce funèbre asile. Rédacteur du *Globe,* professeur de philosophie à la Sorbonne, membre de la chambre des députés, Théodore Jouffroy n'avait pas dit encore son dernier mot quand la mort est venue le surprendre au milieu de son œuvre inachevée. Il était né dans cette ville de Besançon qui, dans la personne de Jouffroy et de Proudhon, a donné à la France les deux plus terribles logiciens des cinquante dernières années.

Quels souvenirs tristes et touchants rappelle le nom que l'on voit inscrit sur cette pierre funéraire : DUMONT D'URVILLE !

Aussitôt l'esprit évoque malgré lui les contrées les plus diverses; on parcourt les océans les plus lointains, les archipels les plus reculés ; on fait le tour du monde en un tour de pensée, et on se trouve sur le seuil d'une chapelle rustique dédiée à *Notre-Dame des Flammes*. C'est sur le coteau de Meudon que vint périr, dans l'épouvantable catastrophe arrivée sur le chemin de fer de la rive gauche, le hardi navigateur qu'avaient respecté les tempêtes des cinq parties du monde.

Cimetière de Sainte-Catherine.

Où va maintenant cette pauvre femme vêtue de haillons, qui a l'air de se glisser le long des murs des rues les plus solitaires du faubourg Saint-Marceau, comme si elle allait commettre quelque mauvaise action ? Que cache-t-elle dans son tablier? Suivez-la ; elle vous conduira au cimetière Sainte-Catherine. Là, vous la verrez s'agenouiller sur une fosse désignée par une croix de bois blanc, y déposer presque furtivement une couronne, et s'éloigner après avoir récité quelques prières. C'est la femme ou la fille d'un condamné à mort qui vient au jour de la commémoration prier pour le repos de l'âme du supplicié.

On confond souvent le cimetière de Sainte-Catherine avec celui de Clamart dont il était voisin, et qui fut supprimé en 1793. Destiné dans l'origine aux classes pauvres, le cimetière de Sainte-Catherine devint le dernier asile des coupables que la société retranchait de son sein. Il fut fermé à l'époque de l'établissement du cimetière du Sud ou du Mont-Parnasse, et sur une partie de son emplacement on a construit les pavillons de dissection des hôpitaux de Paris.

L'illustre Bichat fut enterré dans ce cimetière. On y

distingue encore un tombeau sur lequel on lit l'inscription suivante :

ICI REPOSENT

LES CENDRES

DE

CHARLES PICHEGRU,

GÉNÉRAL EN CHEF DES ARMÉES FRANÇAISES,

NÉ A ARBOIS, DÉPARTEMENT DU JURA,

LE 14 FÉVRIER 1761,

MORT A PARIS

LE 5 AVRIL 1804.

Les terrains de Sainte-Catherine sont la propriété de l'administration générale de l'assistance publique. L'entrée de ce cimetière n'est pas publique; il ne s'ouvre qu'une fois dans l'année, le jour des Morts.

Les Catacombes.

Il manquerait quelque chose à notre description des cimetières parisiens, si nous ne la complétions par une visite à ce cimetière des cimetières qui s'appelle *les Catacombes*.

Les promeneurs paisibles du jardin du Luxembourg, les spectateurs de l'Odéon, les fidèles agenouillés à Saint-Sulpice, au Val-de-Grâce, à Sainte-Geneviève, les astronomes de l'Observatoire, les citadins affairés qui traversent les rues Saint-Jacques, de Vaugirard, de la Harpe, de Tournon, ne se doutent pas qu'au-dessous d'eux s'étendent de vastes abîmes sur lesquels ils sont, pour ainsi dire, suspendus. Ces abîmes sont formés par les carrières de pierres qui ont servi à la construction des édifices de Paris, et par l'exploitation des terrains calcaires qui servent de base au faubourg Saint-Jacques et à une partie du faubourg Saint-Germain.

De fréquents éboulements avaient lieu autrefois ; en 1777 seulement, une compagnie spéciale d'ingénieurs reçut l'importante mission de consolider les galeries souterraines. Les travaux, entrepris sur un plan général, ont continué sans interruption. Aujourd'hui, les carrières sont divisées en autant de rues qu'il s'en trouve à la surface du sol ; les maisons ont un numéro correspondant à l'espace qu'elles occupent. Au moindre danger, on apporte le remède.

Une certaine partie de ces souterrains a reçu en dépôt les débris des cimetières supprimés à diverses époques dans la capitale, d'où leur est venu le nom de *Catacombes*, en mémoire de ces galeries de Rome où l'on enterrait les premiers chrétiens. Plus de trois millions de cadavres y sont entassés, d'après les calculs des ingénieurs.

Sur la gauche de la barrière d'Enfer, au-dessus d'un aqueduc qui déverse ses eaux dans le puits de la *Tombe Issoire,* est un escalier que nous allons descendre et qui nous conduira dans une galerie creusée à quatre-vingt-dix pieds au-dessous du niveau du sol. Arrêtons-nous en face de cette porte sombre, sur le fronton de laquelle on lit :

HAS ULTRA METAS REQUIESCUNT BEATAM SPEM
EXPECTANTES.

Traduction littérale : « Au delà de ces barrières, ils » reposent dans le suprême espoir. « Et plus bas :

ARRÊTE, C'EST ICI L'EMPIRE DE LA MORT.

Nous ferons grâce au lecteur des autres inscriptions. Elles sont fort nombreuses. Le lieu y prêtait, sans doute ; mais on en a, peut-être, abusé.

La première pièce dans laquelle nous entrons n'a rien de funèbre. C'est tout simplement un cabinet minéralogique, où sont rangés symétriquement des spécimens de toutes les couches de terrain qui forment les Catacombes. Dans une pièce à côté est une seconde collection, composée d'ossements présentant, par leur

Les Catacombes.

construction bizarre ou par leur déformation maladive, quelque intérêt au point de vue de la science.

Dans la salle suivante, nous nous trouvons en présence de murailles tapissées d'ossements ; puis viennent le *Memento* et la *Fontaine de la Samaritaine*, monument construit avec des os. Un cénotaphe s'élève non loin de là, consacré aux victimes des 2 et 3 septembre, dont les ossements sont cachés sous le sol.

Au banquet de la vie, infortuné convive,
  J'apparus un jour, et je meurs ;
Je meurs, et sur ma tombe, où lentement j'arrive,
  Nul ne viendra verser des pleurs.

Cette inscription a fait donner le nom de *Tombeau de Gilbert* à l'endroit, qui s'appelle aussi *Sarcophage du lacrymatoire*.

Voilà tout ce qu'il y a de remarquable dans la partie des carrières à laquelle peut s'appliquer le nom de Catacombes. Le reste ne présente qu'une série d'excavations où sont occupés, à la clarté des flambeaux, un grand nombre d'ouvriers, que l'administration emploie aux travaux de consolidation générale et locale.

Autrefois, le gardien ou le concierge des Catacombes, si cela peut s'appeler ainsi, remettait, en sortant, à chaque visiteur, un album sur lequel il était prié d'inscrire les pensées plus ou moins philosophiques que l'aspect de ces lieux funèbres venait de lui inspirer. L'album chôme depuis que l'entrée des Catacombes a cessé d'être publique. C'est un débouché de moins pour les amis de la poésie et de l'éloquence.

C'est depuis quelques années seulement que les Catacombes ont été fermées au public. Cependant les fidèles disciples d'Young, les amateurs d'émotions funèbres, peuvent encore obtenir la permission de les visiter, en s'adressant à l'administration centrale des mines.

III. — LES PALAIS ET LES HOTELS.

Le Louvre.

Bordé au midi par un beau quai, donnant à l'ouest sur des jardins, garanti au nord par la rue de Rivoli, s'ouvrant pour laisser voir le Palais-Royal, le palais actuel aura pour limite, à l'est, des maisons d'une architecture grandiose. Cette architecture continuera en retour d'équerre, et encadrera deux monuments parallèles à la colonnade. Comme annexe à la rue de Rivoli et pour embellir les abords du palais, on élargit la place du Louvre, en face de la colonnade. Elle aura 40 mètres de largeur de la nouvelle grille que l'on vient de placer, et, au milieu de cette place, il y aura sur ces 40 mètres un nouveau recul de 18 mètres, de manière à doubler la place Saint-Germain l'Auxerrois. Sur l'emplacement qui se trouvera libre entre la rue des Fossés et la rue Chilpéric, comme pendant de l'église, on construira la mairie du quatrième arrondissement.

Qu'on se reporte maintenant à l'aspect que présentait la place du Louvre avant la révolution. C'est sur cette place que se vendaient les vieux habits. « On y voyait, dit Mercier, de vieilles hardes suspendues à des ficelles tournant au vent et formant un étalage hideux ; les maçons, les portefaix, venaient se recruter de culottes qui avaient servi, les neuves étant un objet de contrebande. C'était un spectacle sale et indécent ; la nuit, les parapluies des marchands se trouvaient fermés et avaient un aspect effrayant pour les passants. »

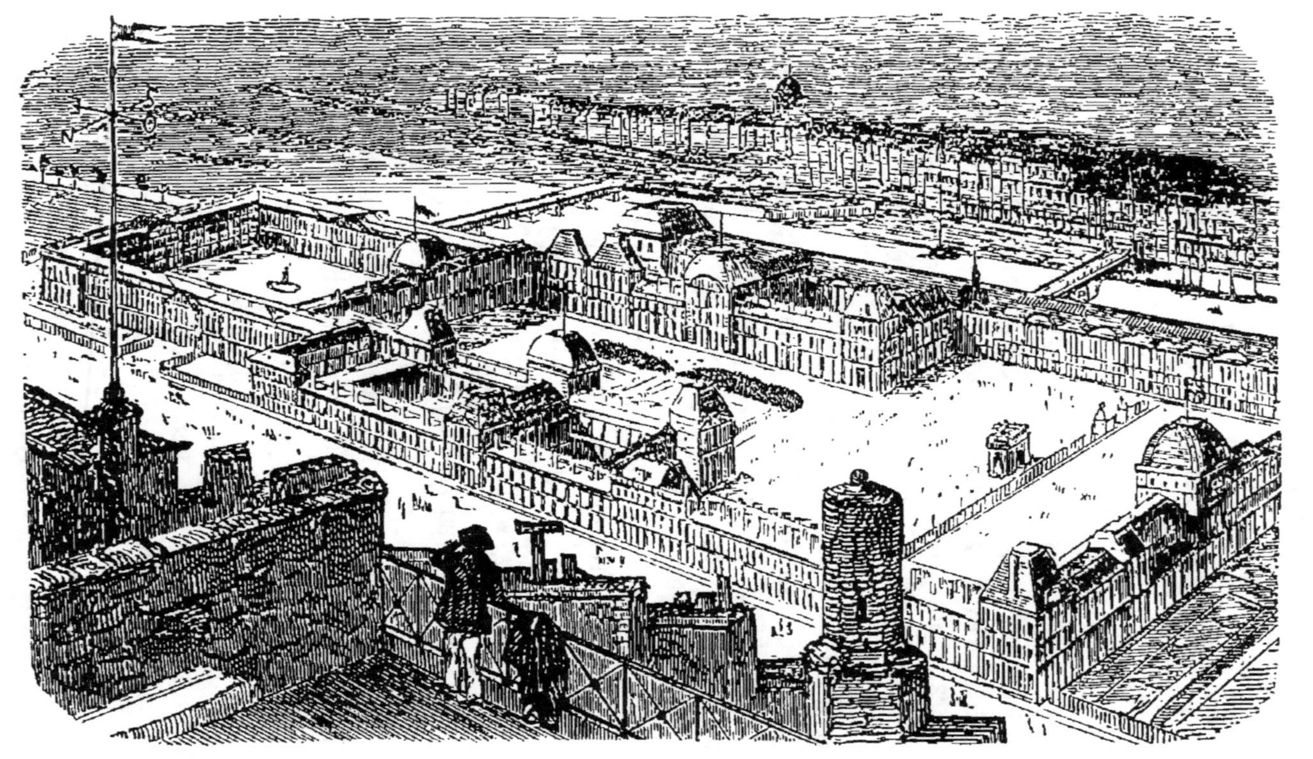

Le Louvre et les Tuileries.

Après avoir traversé la cour du Louvre, une des merveilles de l'architecture, pénétrons dans l'intérieur du Louvre, où nous laisserons de côté la description des diverses collections d'objets d'art et de tableaux, qui ne sont point de notre compétence. Après avoir deux fois

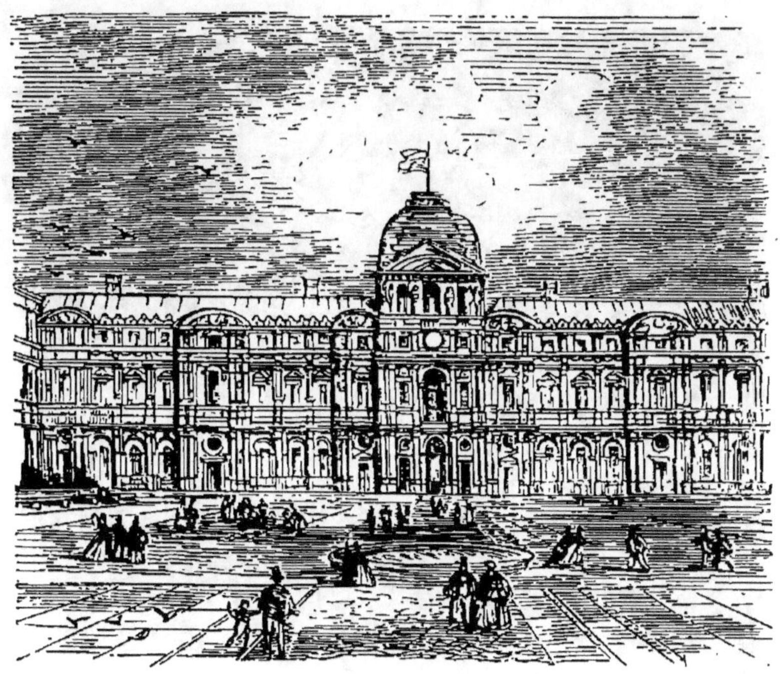

Cour du Louvre.

tourné à gauche, donnons un coup d'œil à cette salle dans laquelle le duc de Mayenne fit pendre plusieurs membres du conseil des Seize, après les avoir mandés devant lui, sans autre forme de procès. Elle porte le nom de *salle des Cariatides*. C'est tout ce qui reste des appartements tracés par Pierre Lescot. Les cariatides qui ont baptisé cette salle sont de Jean Goujon ; elles supportent une tribune ornée par Benvenuto Cellini d'un bas-relief en bronze ; une cheminée composée de sculptures de Jean Goujon, par MM. Percier et Fontaine, garnit l'une des extrémités de l'appartement. Le grand escalier, dessiné par les deux architectes que nous venons de citer, nous mènera dans un salon dont la porte

Galerie d'Apollon.

en fer donne passage dans la galerie d'Apollon, dont le plafond central vient de recevoir une vaste composition de M. Eugène Delacroix, qui complète les travaux de reconstruction et de restauration exécutés dans ces dernières années. Ces travaux avaient été commencés en 1826 : ils ont donc duré vingt-cinq ans ! A la vérité, depuis 1826 jusqu'au vote de la constituante qui décréta ces restaurations et alloua les fonds nécessaires, on

n'avait guère fait que des préparatifs; on avait construit
un échafaudage destiné à soutenir la voûte en bois, qui
était vermoulue, et les ornements en relief qui mena-
çaient de s'en détacher; une cloison coupait longitudi-
nalement la salle en deux, et la transformait en corridor
qui servait, à l'époque du salon, à l'exposition des dessins et des gravures. On ne se doutait pas, en traversant
ce sombre couloir encombré de charpentes, qu'on était
dans la plus vaste et la plus magnifique salle du Louvre;
dans une galerie qui, par sa grandeur architecturale et
son faste décoratif, rivalise presque avec celle du château de Versailles. On peut même dire que, depuis cent
ans au moins, la galerie d'Apollon était fermée et inconnue au public; car, vers le milieu du dernier siècle,
on l'avait distribuée en un grand nombre de pièces sé-
parées, servant d'atelier à des peintres, et, depuis cette
époque, les projets de réparation et de restauration
étaient restés suspendus.

La galerie telle qu'on la voit maintenant, dans toute
sa parure d'or, de sculptures et de couleurs, est celle
qui fut reconstruite et décorée par l'ordre de Louis XIV,
sur les dessins et sous la direction de Lebrun. Mais la
construction première remonte à Henri IV. Au temps
de Lebrun, il ne restait plus rien de cette galerie primitive, qui avait été aussi richement décorée par les artistes de la génération précédente. Dubreuil, Porbus,
Bunel, y avaient peint des compositions tirées de l'histoire sacrée et de la mythologie, un combat de géants
entre autres, peinture longtemps fameuse. La peinture
la plus curieuse de cette décoration était une suite de
portraits en pied des rois et des reines de France depuis
saint Louis, placés entre les fenêtres et dans les panneaux correspondants du mur opposé. Toutes ces peintures et la décoration entière furent détruites dans l'in-

cendie qui eut lieu, en 1661, dans cette aile du Louvre.
Lebrun n'y trouva que les quatre murs. Son imagination put se déployer à son aise dans ces vastes espaces.
Indépendamment des peintures, qu'il s'était réservées
et qu'il devait exécuter de sa main, il avait la direction
exclusive de l'architecture et de l'ornementation ; il
donna même le dessin de toutes les sculptures, ne laissant aux artistes chargés de les exécuter que le mérite
de rendre fidèlement sa pensée.

Ce qui distingue, au point de vue de l'art en général,
cette immense composition décorative, c'est l'emploi
de ces figures et groupes de ronde bosse et de grandeur
naturelle, associés aux membres et aux moulures de
l'architecture. La mode en était venue d'Italie, où le
Bernin et l'Algarde l'avaient mise en honneur. Lebrun
s'y complut au point de l'exagérer. Les sculptures du
plafond et des voussures, trop fortes de proportions,
alourdissent la composition ; elles n'ont rien du reste
de remarquable, prises isolément, quoique exécutées
par trois artistes de grand renom, Girardon, Gaspard
et Balthazar de Marsy. Ces sculptures en plâtre ont pu
être complétement et habilement restaurées, comme
on peut s'en convaincre à la bonne figure qu'elles font
aujourd'hui. Les peintures n'étaient pas d'une restauration si facile. Il fallait d'ailleurs, non-seulement restaurer, mais encore compléter. Lebrun n'avait rempli
son programme qu'en partie. Il devait peindre dans le
plafond le Soleil (emblème de Louis XIV) sur son char
entouré de sa cour, et, dans les lunettes cintrées au-
dessus de la fenêtre et de la porte, aux deux bouts op-
posés de la galerie, le Soir et le Triomphe d'Amphi-
trite. Cette dernière composition est la seule qui
subsiste. De 1764 à 1781, quatre académiciens, La-
grenée jeune, Paraval, Durameau et Callet, peignirent,

conformément au plan de Lebrun, les quatre Saisons
dans quatre grands cartouches du plafond. Ces peintures, assez médiocres, existent encore. Les tableaux
manquants, au moment où on a entrepris la restauration définitive de la galerie, étaient celui de l'Aurore,
dans un des compartiments octogones du plafond ;
celui du Soir, au-dessus de la porte ; et enfin celui de
la portion centrale du plafond, de plus grande dimension que tous les autres, et qui devait représenter le
Soleil : M. Muller a peint l'Aurore, M. Guichard le Soir ;
restait le Soleil, point central et radieux de toute la
composition, qui a été confié à M. Eugène Delacroix,
qui, dit un des écrivains les plus compétents en matière d'art, M. L. Peisse, a réalisé dans ce plafond une
œuvre aussi indépendante, aussi pleinement et absolument sienne qu'aucune de celles dont il a choisi
librement le sujet ; et, chose bien méritoire, tout en
étant du Delacroix le plus pur, cette peinture s'adapte
à ravir, comme goût, comme style, comme couleur et
comme ton, au cadre décoratif dont elle est le centre
et le lien. Il faut rendre justice, en finissant, à l'intelligence, à l'habileté, au goût, qui ont présidé à l'ensemble des travaux de restauration de cette galerie,
dirigés et conduits par M. Duban. Il convient de faire
quelques réserves en parlant de la décoration que le
même architecte a adaptée au grand salon carré, où
commence le Musée, et où nous allons borner notre
excursion de ce côté du palais pour revenir sur nos pas,
traverser la salle des *Sept-Cheminées*, également restaurée par M. Duban, le salon où, sous Louis XVIII,
eut lieu plus d'une fois la cérémonie de l'ouverture des
chambres, pièce dont le plafond du temps de Henri II
mérite un sérieux examen, et pénétrer dans la chambre
où Henri IV, assassiné par Ravaillac, rendit le dernier

soupir. Cette chambre est précédée d'une vaste pièce connue sous le nom de salon de Henri II, dont l'ornementation splendide et variée donne une haute idée de l'imagination de Pierre Lescot.

Il est difficile, quand on s'arrête devant cette alcôve

Balcon de Charles IX.

où le corps sanglant de Henri IV fut déposé, de ne pas évoquer les souvenirs historiques qui se rattachent en foule à ce palais du Louvre. Forteresse où s'abrite la monarchie féodale de Philippe-Auguste, Charles V en fait un palais où l'architecture du temps déploya les merveilles de son adresse dans la construction d'un

escalier à vis qui fait
l'admiration de tous les
contemporains. Le souf-
fle puissant de la renaissance renverse le vieux
Louvre du moyen âge.
Un nouveau Louvre pa-
raît à la voix de Fran-
çois Ier et de Henri II.
Pierre Lescot achève
l'aile de l'ouest et une
partie de celle du midi.
Catherine de Médicis
élève le corps de logis
qui s'avance vers le quai
et dont on vient de ter-
miner la restauration.
Charles IX, l'arquebuse
à la main, tire sur les
protestants du haut d'u-
ne fenêtre du Louvre;
les cris des hérétiques,
qu'on assassine jusque
dans la chambre de la
reine, retentissent dans
tout le palais. Richelieu,
affermi au pouvoir, veut
achever le Louvre; les
façades du nord et de
l'est sont démolies, l'œuvre svelte et élégante de
Pierre Lescot, débarras-
sée de ces constructions
qui la voilaient, pour

Le Louvre vu sur le quai.

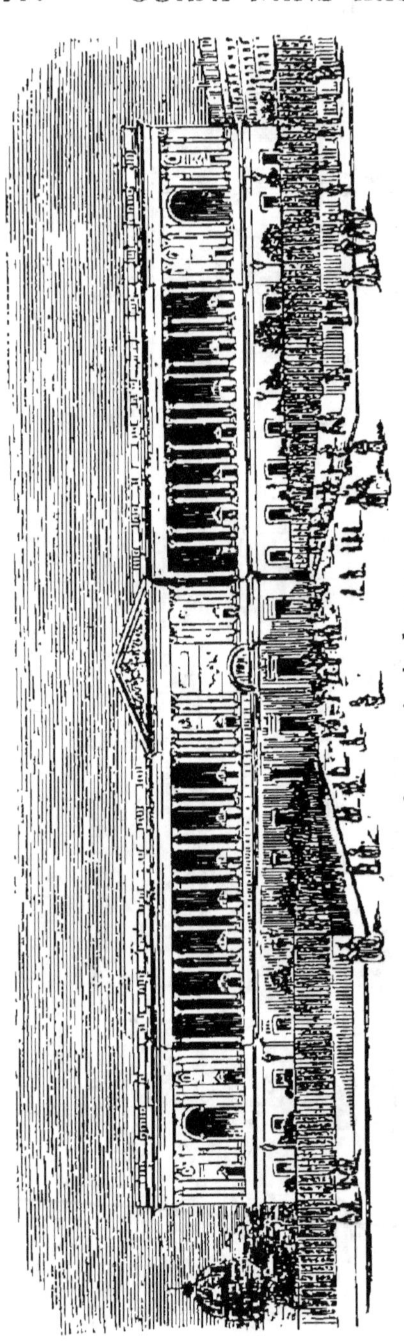

Colonnade du Louvre.

ainsi dire, apparaît dans toute sa grâce. Louis XIII pose, le 28 juin 1624, la première pierre du pavillon de l'Horloge. Anne d'Autriche meurt dans ce Louvre où elle partagea si longtemps les ennuis de Louis XIII. Colbert fait venir de Rome le cavalier Bernini ; la colonnade est commencée. Les travaux s'arrêtent ensuite pour ne recommencer qu'en 1803, époque à laquelle MM. Percier et Fontaine furent chargés de l'achèvement du Louvre, entreprise gigantesque qui est sur le point d'être terminée.

L'établissement des jardins du Louvre touche à sa fin. Bientôt, des jardins de l'Infante, des terre-plains de la colonnade où les victimes de juillet reçurent une sépulture provisoire, et de ceux de la place de l'Oratoire, il ne restera plus que le souvenir. Tous auront disparu pour faire place à des tapis verts, à des plates-bandes couvertes de fleurs et d'arbustes. Ils ne formeront plus qu'une immense ceinture verdoyante au plus grand monument de la capitale, une entrée fleurie au plus grand musée de l'univers tout entier.

Les jardins de l'Infante bordaient la façade méridionale du Louvre. Ils devaient leur nom au corps de bâtiment qui s'étend du vieux Louvre au nord de la Seine, dont le rez-de-chaussée renferme le Musée des antiques, et le premier étage la galerie d'Apollon. Cette partie du palais avait été appropriée, sous la régence, à la résidence de l'Infante d'Espagne mariée à Louis XV encore enfant.

Deux jardins servaient aux amusements enfantins de la future reine de France : l'un était réservé à la direction des musées, l'autre avait retenu quelque chose de sa destination primitive, et servait aux récréations des enfants des riches familles du quartier. L'un et l'autre n'avaient de jardin que le nom, car ils ne possédaient aucune fleur, sinon celles qui s'épanouissaient, au printemps, sur quelques lilas malingres et rabougris.

Complétement transformés maintenant et mis de niveau avec ceux des façades est et nord du palais, ces jardins sont actuellement fermés par une élégante grille en style Louis XIV. Au moment où nous écrivons, les jardins créés sur les terrains de la place de l'Oratoire et bordant la rue de Rivoli ne sont point encore terminés. Quant à ceux formés au-dessous de la colonnade du Louvre, et dont on a pu déjà, l'année dernière, remarquer la belle ordonnance, ils étaient à peine achevés quand on a dû les élever d'un mètre et demi pour les mettre de niveau avec leurs voisins.

Le nivellement uniforme pour tous ces jardins a

amené la création d'un escalier de trois ou quatre marches, tant du côté du pont des Arts que sur la rue du Coq. Comme complément de leur ornementation, on a placé autour de ces jardins et du monument lui-même de beaux vases de la forme dite de Médicis.

Les Tuileries.

Dès le quatorzième siècle, divers fabricants de tuiles et de briques avaient établi leurs fours sur les bords de la Seine, non loin de deux hôtels qui devaient à l'industrie voisine le nom d'*hôtels des Tuileries*. Pierre des Essarts légua un de ces hôtels aux Quinze-Vingts en 1342; l'autre était la propriété du secrétaire d'État des finances Nicolas de Neuville de Villeroy. François Ier acheta des Quinze-Vingts le premier de ces immeubles, et devint propriétaire du second par voie d'échange. Tous les deux furent abattus pour faire place à une habitation destinée à Louise de Savoie, mère du roi. En prenant la régence, la reine-mère fit cadeau de sa nouvelle maison au maître d'hôtel du Dauphin, Jean Tiercelin, qui devait en jouir à titre viager. Catherine de Médicis, à la mort de Henri II, ayant fait démolir le château des Tournelles, vint établir sa résidence au Louvre, et, voulant avoir à portée de ce séjour une sorte de maison de campagne, agrandit la *maison des Tuileries* qui devait devenir le palais d'aujourd'hui.

Catherine de Médicis, en femme capricieuse qu'elle était, fit suspendre les travaux commencés, en 1564, sur les plans de Philibert Delorme et de Jean Bullant, pour consacrer toutes ses ressources à l'achèvement de l'hôtel de Soissons, son nouveau favori. Ceci se passait en 1572. Il n'y avait alors de construit aux Tuileries,

Les Tuileries.

Palais des Tuileries vu du côté du Carrousel.

par Philibert Delorme, qu'un simple corps de bâtiment avec un pavillon au centre, et un autre pavillon à chaque extrémité. Un rez-de-chaussée et un premier étage, surmontés d'un comble fort élevé, composaient tout le bâtiment dont on vantait fort le grand escalier placé au milieu du pavillon central. Henri IV fit étudier par Dupeyrac et Ducerceau un plan de jonction du Louvre aux Tuileries. On entreprit pour cette jonction la construction du pavillon de Flore et du corps de logis qui le rattache à l'ancien palais.

Le palais des Tuileries ne fut complétement terminé que sous la régence d'Anne d'Autriche, et devint la résidence du duc d'Anjou, frère du roi. L'architecte Levau reçut de Colbert la mission de coordonner les dispositions générales de l'édifice : Le-

vau s'adjoignit dans cet-
te tâche son gendre d'Or-
bay. L'escalier de Phili-
bert Delorme fut détruit;
on éleva le pavillon Mar-
san, la salle de spectacle,
et on commença la con-
struction de l'aile neuve.
Il ne reste rien aujour-
d'hui de l'ancienne dis-
tribution intérieure du
palais; Lebrun présida
à la nouvelle et confia
la décoration des ap-
partements aux princi-
paux artistes de l'épo-
que. Les Tuileries que
nous voyons datent donc
à proprement parler de
Louis XIV, qui préféra
Versailles à ce palais.

Louis XV habita les
Tuileries pendant sa mi-
norité et les quitta bientôt pour Versailles; on
n'y fit pendant cette pé-
riode d'autres travaux
que quelques change-
ments dans la salle de
spectacle, exécutés par
Servandoni. Après l'in-
cendie du théâtre du
Palais-Royal, cette salle
fut mise à la disposition

Palais des Tuileries vu du côté du jardin.

de l'Opéra et inaugurée par la première représentation de *Castor et Pollux,* de Rameau, le 24 janvier 1764. De 1770 à 1783, les comédiens ordinaires du roi l'occupèrent; on y donna ensuite les premiers concerts spirituels.

Le 6 octobre 1789, Louis XVI et la famille royale durent quitter Versailles pour s'établir aux Tuileries, dans des appartements délabrés et réparés à la hâte, au milieu des travaux de décoration du pavillon de Flore, qui, incendié en 1787, venait à peine d'être rebâti.

En 1793, la convention tint ses séances dans la salle de spectacle, et le comité de salut public établit ses bureaux dans les appartements de la royauté. Le conseil des Cinq-Cents et celui des Anciens succédèrent à la convention et furent installés aux Tuileries. Le conseil des Anciens resta jusqu'en 1799 dans cette partie du palais qui devait prendre plus tard le titre de *salle des Maréchaux.*

Sous le consulat, **MM.** Percier et Fontaine furent chargés de restaurer les Tuileries. L'ancienne salle de spectacle fut détruite, et l'espace qu'elle occupait rempli par une salle plus petite, une salle pour les réunions du conseil d'État et une chapelle. L'aile neuve, la transformation intérieure du pavillon de Marsan où étaient les bureaux de la convention, le dégagement de la cour, l'érection de la grille qui la sépare de la place, et de l'arc de triomphe qui en marque l'entrée, datent de l'empire.

La branche aînée laissa le palais tel qu'elle l'avait trouvé. La branche cadette en modifia profondément la distribution intérieure et extérieure. A droite du vestibule du pavillon de l'Horloge, l'escalier de Levau a été supprimé. Dans la galerie en portique qui conduit à la chapelle, la construction d'un escalier neuf a

fait supprimer la galerie de pierre du premier étage.
Le salon de la Paix, faisant suite à la salle des Maréchaux, a remplacé l'escalier détruit, et forme avec les
appartements une suite continue de plus de huit cents
pieds. Les décorations et les ameublements ont été
partout réparés et refaits dans le style de l'époque.
Cette seconde restauration fut vivement critiquée par
les artistes et devint même le sujet d'une sorte d'oppo-
sition politique. On n'a pas oublié la polémique à laquelle donna lieu l'établissement des *fossés* des Tuileries. C'est M. Fontaine qui fut chargé de présider une
seconde fois à tous ces changements.

Parcourons maintenant d'un pas rapide l'intérieur de
ce palais. Nous commençons notre excursion par les
appartements du rez-de-chaussée donnant sur le jardin. Le grand Dauphin les occupait sous Louis XIV ;
sous Lous XV, ils passèrent au duc du Maine et au duc
de Bourbon, tour à tour surintendants de l'éducation
du roi ; puis au duc de la Vauguyon, gouverneur des
enfants du Dauphin fils de Louis XV. La décoration de
ces appartements, qu'habitèrent successivement Joséphine, Marie-Louise, la duchesse d'Angoulême et Louis-
Philippe, date du consulat.

Nous traversons ensuite la salle des Gardes, le salon
des Dames d'honneur, le salon de Réception qui servit
aux deux impératrices et à la princesse que nous venons de citer ; le salon des Grâces, ancien boudoir de
la reine ; le cabinet de Louis XIV, qui devint la chambre à coucher de Joséphine, de Marie-Louise, de la
duchesse d'Angoulême, de Louis-Philippe ; et nous
montons au premier étage par l'escalier d'honneur,
construit par M. Fontaine et orné de deux statues représentant Mnémosyne. L'une de ces statues est antique,
et l'autre sa copie. Deux portes bronzées s'ouvrent sur

le palier : l'une donne accès dans la chapelle, l'autre dans les appartements.

Le plafond de l'antichambre de l'escalier d'honneur date de la régence d'Anne d'Autriche. Par la gauche de l'antichambre, on pénètre dans le salon de la chapelle qui servait sous l'empire au conseil d'État. Des

Salle des Maréchaux.

bustes d'empereurs romains, surmontant des colonnes adossées au mur en stuc, ornent cette pièce qui a six portes ouvrant sur les tribunes de la chapelle. Des allégories représentant les diverses branches de l'administration, composées par Gérard, garnissent les voussures ; un ancien plafond ayant appartenu à la décoration du château de Vincennes recouvre l'antichambre de la chapelle ; puis vient la galerie du théâtre, construite sous l'empire et décorée d'ornements en grisaille d'après les dessins de M. Percier.

Revenons un moment sur nos pas pour jeter un coup d'œil sur le *salon de la Paix*, ainsi nommé d'une statue d'argent représentant la Paix, du sculpteur Chaudet, offerte en 1807 par la ville de Paris à l'empereur Napoléon, et sur la *salle des Maréchaux*. Tour à tour salle des Cent-Suisses, salle de concert, lieu des séances du conseil des Anciens, Napoléon la garnit des portraits des ma échaux et des bustes des généraux de la république; Louis XVIII en fit la salle des gardes du corps, et Louis-Philippe lui rendit la destination qu'elle avait sous l'empire.

Les gardes du corps en quartier se tenaient, sous l'ancien régime, dans le *salon Blanc*, que nous traversons en ce moment. Des peintures militaires de Nicolas Loir décorent ce salon rehaussé de trophées. Nicolas Loir a également peint le *salon d'Apollon*, ancienne antichambre de Louis XIV : son nom lui vient du plafond représentant Apollon conduisant le char du Soleil. La statue de Memnon rendant des oracles, le char de l'Aurore, le Soleil chez Téthys, Clytie métamorphosée en tournesol, sont les sujets reproduits sur la voussure.

La *salle du Trône* était autrefois la chambre d'apparat de Louis XIV. Partout reluisent ses emblèmes favoris. La Religion couronnée et armée d'une épée occupe le centre du plafond, peint par Nicolas Flemaël; les frères Lemoine ont peint les ornements des plafonds et des lambris; les renommées et les enfants de la corniche sont de François Girardon.

Le conseil de régence pendant la minorité de Louis XV, et les conseils des ministres sous l'empire et la restauration, se tenaient dans le *salon de Louis XIV*. Le plafond, tout en sculptures, est décoré de rondes bosses en stuc par Girardon; les lambris sont de Nicolas Coypel; MM. Percier et Fontaine ont dessiné la cheminée de marbre de cette pièce, où l'on remarque, entre autres tableaux, un Louis XIV en pied par H. Rigaud.

Les audiences publiques aux ministres étrangers se donnaient, du temps de Louis XIV, dans la *galerie de Diane* : c'est là qu'était placé le trône. Cette galerie fut décorée de copies des compositions exécutées par Annibal Carrache pour le palais Farnèse. Ce beau travail ne la préserva pas d'une mutilation complète. Le maréchal de Villeroi la fit diviser en appartements, où il s'installa en qualité de gouverneur de Louis XV; Servandoni la transforma en atelier de décors; les bureaux des divers comités s'y installèrent en 1793; c'est en 1806 seulement que MM. Percier et Fontaine la restaurèrent entièrement. Les banquets se donnaient, sous Louis-Philippe, dans cette galerie qui débouche sur une série de pièces en enfilade composant l'appartement des reines Marie-Thérèse, Marie Leckzinska et Marie-Antoinette. Jean Nocret décora cette partie du palais en 1668; de notables fragments de cette décoration subsistent encore. La *salle du Conseil des Ministres* était autrefois la chambre même de ces reines ; le plafond, symbolisant la Sagesse, est de Jean Nocret, et les paysages qui garnissent les médaillons, de Jacques Fouquières. Les aides de camp du duc d'Angoulême se tenaient dans cette pièce qui servit aussi de salle à manger à sa femme. Après un salon vient une pièce qui, après avoir été le cabinet de travail de Napoléon et de Louis XVIII, fut transformé en bibliothèque par Louis-Philippe. Le plafond, de Jean Nocret, représente les Arts guidés par la Sagesse. Jacques Fouquières a peint les paysages des panneaux.

Le cabinet de toilette de Marie-Thérèse, aujourd'hui

salon des Dames, après avoir servi de chambre à coucher au fils de Louis XVI, devint le cabinet de travail du secrétaire de Napoléon. Arrêtons-nous un instant dans le couloir obscur et étroit qui sépare cette pièce de la suivante. Dans l'épaisseur de la muraille, derrière le panneau de la boiserie à gauche, près de la fenêtre du côté du jardin, était cette fameuse cachette à laquelle Louis XVI travailla, dit-on, lui-même de ses royales mains, et d'où sortirent plus tard ces papiers dits de *l'armoire de fer,* qui jetèrent un si triste jour sur les prodigalités secrètes de la monarchie.

Le *salon de Famille* est l'ancienne chambre à coucher d'hiver de Louis XIV. En 1824, Louis XVIII y mourut, le seul des rois de sa race et de tous ceux ayant occupé les Tuileries, depuis le dix-septième siècle jusqu'à nos jours, qui soit mort dans ce palais.

C'est par la *salle de Billard* que nous terminerons notre voyage de quelques instants dans l'intérieur des Tuileries. Le plafond de cette salle, qui formait l'antichambre de Louis XIV, avait été peint par Nicolas Coypel. Sous l'empire, le valet de chambre de service la nuit auprès de l'empereur y couchait.

Les dispositions générales que nous venons de retracer n'ont pas été modifiées d'une manière sensible par les nouveaux hôtes de ce palais, dont les bornes de notre cadre ne nous permettent pas de retracer l'histoire dans tous ses détails. Le 10 août 1793, le 29 juillet 1830, le 24 février 1848, sont des dates qui résument la philosophie de cette histoire. Après la révolution du 24 février, le palais des Tuileries devint l'asile des blessés de cette journée, et on mit sur la porte d'entrée cette inscription :

HOSPICE DES INVALIDES CIVILS.

Le Palais-Royal.

Les terrains occupés par le jardin du Palais-Royal et par les galeries qui l'entourent étaient placés sur les bords d'une voie romaine qui, partant de Pontoise par Saint-Denis et Clichy, aboutissait au pont de la Cité, et de là au temple de Mercure, au faubourg Saint-Marceau, et à celui de Cérès et d'Isis, rue Notre-Dame-des-Champs. Des fouilles pratiquées lors des travaux de 1793 amenèrent des découvertes qui ne permettent pas de douter qu'il n'y eût là un centre important de population gallo-romaine.

En 1642, le cardinal de Richelieu, déjà maître d'un hôtel rue des Bons-Enfants, voulut agrandir cette habitation, et, dans ce but, il acheta du marquis d'Estrées l'hôtel de Rambouillet, qui avait appartenu au fameux connétable d'Armagnac, dont il porta longtemps le nom. Cet hôtel touchait alors au mur d'enceinte de Paris. Richelieu le fit abattre, et les jardins du nouveau palais que le cardinal fit construire sur les plans de l'architecte Lemercier, s'étendirent jusqu'à l'entrée des rues Vivienne et des Petits-Champs, alors à l'état de prairies.

Ce monument ne fut pas élevé d'après un plan général et uniforme ; on dirait que ses proportions suivirent les degrés de la fortune ascendante du propriétaire, qui, commençant à bâtir en simple ministre, se contenta d'abord d'un hôtel, et qui, se sentant peu à peu devenir roi, finit par vouloir un palais.

L'aile droite (aile de Valois) renfermait la fameuse salle de spectacle sur laquelle fut représentée *Mirame,* et, souvenir plus touchant, sur laquelle Molière tomba évanoui en jouant *le Malade imaginaire,* vaincu par la maladie. Il rentra le soir même dans cette maison de

Palais-Royal.

la rue Richelieu, d'où il ne devait plus sortir que pour être porté en terre, le 17 février 1673.

Une galerie décorée par Philippe de Champaigne formait l'aile gauche (aile Montpensier). Les peintures qui composaient cette décoration disparurent dans l'incendie de 1780. Une cour formée par deux autres ailes

Palais-Royal vu de la place.

succédait à la première ; à gauche était la galerie des hommes célèbres, dont Philippe de Champaigne, Simon Vouet, Juste d'Egmont et Poërson avaient reproduit les traits ; panthéon formé de vingt-quatre demi-dieux, parmi lesquels le propriétaire s'était ménagé une place. Dans cette aile, Richelieu avait fait construire, outre une petite salle de spectacle réservée aux intimes et pouvant contenir une centaine de spectateurs, une chapelle dans laquelle il célébrait la messe, toutes les fois

que les affaires lui laissaient le temps de se rappeler
qu'il était prêtre.

. A la mort de Richelieu, en 1642, le Palais-Cardinal,
légué à Louis XIII, prit le nom de Palais-Royal. Anne
d'Autriche vint l'habiter dès les premiers jours de sa régence. Sensuelle et dévote, son séjour n'y laissa d'autres
traces qu'une salle de bains et un oratoire. C'est en 1660
que Louis XIV concéda à Molière la grande salle de
spectacle du Palais-Royal. Molière mort, l'Académie
royale de musique remplaça la Comédie.

Le Palais-Royal était devenu, en 1692, partie inté-
grante de l'apanage du duc d'Orléans, frère du roi, qui,
presque toujours à Versailles ou à Saint-Cloud, sa résidence favorite, ne toucha pas au palais du cardinal. Le régent se borna à faire construire le château
d'eau qui ornait autrefois la place du Palais-Royal. Le
fils du régent, prince bizarre et solitaire, abandonna le
soin de ses palais à des subalternes, pour se retirer dans
un couvent de Génovéfains. En 1763, un premier incendie dévora la salle de l'Opéra, l'aile droite de la première cour et une partie du principal corps de logis. Il
fallut restaurer l'édifice, auquel vint s'adosser un nouveau théâtre, sur l'emplacement actuel de la cour des
Fontaines et de la rue Valois. Parmi les remarquables
travaux exécutés à cette époque, il faut citer le grand
escalier du vestibule, composé par M. Contant d'Ivry
et orné d'une magnifique rampe de cuivre dessinée par
Desforgues et exécutée par Corbin. La nouvelle salle,
inaugurée le 26 janvier 1770, devint, juste onze ans
après, c'est-à-dire le 8 juin 1781, la proie d'un second
incendie. Sa reconstruction fut mise au concours; le
plan de l'architecte Louis ayant été adopté, cet artiste se mit tout de suite à l'ouvrage. Son premier soin
fut d'isoler le jardin, en l'entourant d'une quadruple

galerie d'arcades ; trois de ces galeries furent bâties en pierre ; la quatrième resta provisoirement en bois, et ce provisoire dura jusqu'après 1830. On connaît l'histoire de ces fameuses galeries de bois, dont la réputation a été européenne. Au milieu du jardin, on creusa un cirque, qui servait non pas à des exercices d'équitation, mais à des exercices littéraires. C'est là que la Harpe fit son cours de littérature. Ce cirque fut brûlé en 1798.

En 1789, on voyait encore, à l'une des extrémités du Palais-Royal, le petit théâtre des *Variétés amusantes*, où on allait rire aux bêtises naïves de Volanges, le célèbre inventeur des Jocrisses. C'est sur l'emplacement de ce théâtre que l'architecte Louis fit construire la salle actuelle du Théâtre-Français. Après la mort de Philippe-Égalité, le Palais-Royal demeura vide jusqu'en 1801, où Napoléon y installa le tribunat. Le 25 mai 1814, Louis-Philippe d'Orléans trouva la demeure de sa famille encombrée d'une énorme quantité d'objets commandés par l'empereur pour venir en aide à quelques fabricants de la capitale, ruinés par la guerre. En 1815, Lucien Bonaparte habita le Palais-Royal. A cette époque, la galerie des Proues était le seul échantillon subsistant des constructions du cardinal de Richelieu. Le duc d'Orléans chargea M. Fontaine de la restauration complète du Palais-Royal, qui le mit dans l'état où nous le voyons aujourd'hui.

Que d'événements mémorables se sont accomplis dans ce palais! Richelieu et Molière y sont morts ; la Fronde y règne un instant en maîtresse et y dicte des ordres à la royauté par la bouche du cardinal de Retz ; l'infortunée et charmante Henriette d'Angleterre y épouse le duc d'Orléans ; ses murs ont vu les orgies de la régence. Comme souvenir de littérature et d'art, ajoutons que c'est au Palais-Royal que furent signés par le cardinal de Richelieu les statuts de l'Académie française. C'est également au Palais-Royal qu'eut lieu la première exposition de tableaux, dans la cour du bâtiment qu'occupait l'Académie de peinture, chassée du Louvre par l'établissement de l'imprimerie royale. Sur le mur de cette cour et à ciel ouvert, les académiciens ne craignirent pas d'exposer leurs ouvrages. Lebrun, Bon Boulongne, Philippe de Champaigne, Vandermeulen, Girardon, figurèrent parmi les exposants. La politique a joué un rôle assez important dans les modernes annales du Palais-Royal. C'est au milieu de ce jardin que Camille Desmoulins, le 12 juillet 1789, sonna de sa voix éloquente le tocsin de la prise de la Bastille. Philippe-Égalité fut arrêté dans ce palais, avec le duc de Montpensier, son fils. Deux mois avant la révolution de juillet, le duc d'Orléans y donna au roi de Naples cette fête à laquelle Charles X voulut assister ; « fête napolitaine, dit un futur académicien, car nous dansons sur un volcan. » On était, en effet, à la veille des ordonnances de juillet. Devenu roi, le duc d'Orléans quitta la résidence de sa famille pour les Tuileries, le 31 octobre 1831. Dix-neuf ans après, le peuple, maître des Tuileries, entrait au Palais-Royal, à la suite d'une révolution nouvelle. Un club et l'état-major de la garde nationale mobile furent installés dans ce palais, qui sert actuellement de résidence au prince Jérôme Bonaparte, ex-roi de Westphalie.

Élysée-Napoléon.

Entre Waterloo et Sainte-Hélène, il y a l'Élysée-Napoléon, palais de la défaite, dernière habitation de celui qui n'est plus un empereur, et qui n'est pas encore un prisonnier. Napoléon s'arrêta quelques instants à l'Élysée, avant de commencer le voyage qui devait se terminer dans la chaloupe du *Northumberland*.

Mme de Pompadour, dans l'intimité assidue d'un roi, avait contracté cette maladie qu'on nomme le goût

Élysée-Napoléon.

de a bâtisse. L'Élysée-Napoléon est un des accès de cette manie de la favorite. Non pas qu'il faille lui faire honneur de la création de ce gracieux échantillon de l'architecture au dix-huitième siècle, car il avait été construit en 1718 pour le comte d'Évreux, par l'architecte Moller, mais elle l'augmenta considérablement. Son frère, M. de Marigny, homme d'infiniment de goût, contribua beaucoup à l'embellissement de l'hôtel qu'il occupa avant le financier Beaujon et la duchesse de Bourbon, qui donna son nom à l'édifice.

Sous la république, le palais Bourbon qui, sous Louis XV, avait été l'hôtel des ambassadeurs extraordinaires, devint un établissement plus modeste et plus amusant, une espèce de Mabille et de Château-Rouge, sous le nom d'Élysée. Napoléon, dans un moment de générosité pour son beau-frère, donna en cadeau l'Élysée à Murat. Wellington l'habita quelques jours ; l'empereur de Russie, Alexandre, ne fit qu'y passer ; la duchesse de Berry devint propriétaire du palais Bourbon qui avait repris son titre sous la restauration. En 1830, ce palais fit retour à la liste civile, et servit, pendant la durée du règne de Louis-Philippe, à recevoir les princes étrangers qui venaient visiter la famille royale. L'Élysée devint, après la révolution de février, le siége de la commission des récompenses nationales, et plus tard l'habitation du président de la république Louis-Napoléon, qui l'a considérablement accru et embelli.

Le Luxembourg.

Après la mort de Henri IV, sa femme, Marie de Médicis, résolut de quitter le Louvre, et acheta l'hôtel du Luxembourg qui tombait en ruines, ainsi que plusieurs maisons voisines. Le palais Pitti, séjour du grand-duc de Toscane à Florence, où elle avait passé sa jeunesse, fut le modèle qu'elle proposa à l'architecte. Jacques Debrosse, sur qui était tombé son choix, ne négligea rien pour la satisfaire : il dessina plusieurs plans ; celui qu'elle choisit fut envoyé par ses ordres en Italie, et soumis aux architectes célèbres dont la princesse souhaitait les avis. Il ne faut donc pas s'étonner si le

Vue générale du Luxembourg.

Luxembourg surpasse en grandeur tous les palais de Paris, le Louvre excepté. Le cavalier Bernin louait fort la régularité et l'harmonie de cet édifice, qui, très-remarquable par son étendue, sa solidité et sa noblesse, pèche cependant du côté de la légèreté et des proportions. L'ordre toscan, usité ordinairement dans

Palais du Luxembourg vu du côté du jardin.

les constructions rurales ou militaires, est peut-être un peu mesquin pour un palais de cette dimension. Les bossages alternatifs affectés à cet ordre donnent à tout l'ensemble un air de lourdeur et de monotonie. Les arcades des portiques sont trop hautes pour leur largeur, et les métopes de l'ordre dorique, au lieu d'être écrasés, sont rectangulaires. L'entrée du jardin, le vestibule et le grand escalier, trop massif et trop sombre, étaient indignes d'une maison royale; l'architecte Chalgrin dut les reconstruire sur un plan nouveau.

Telles sont les critiques générales qu'on adresse au palais du Luxembourg. Quoi qu'il en soit de leur plus ou moins de vérité, cet édifice fait le plus grand hon-

Palais du Luxembourg vu sur la rue de Tournon.

neur à l'éminent artiste qui en a donné le plan et qui l'a construit. L'architecte Chalgrin, outre les escaliers que nous venons de citer, a apporté de graves modifications à l'œuvre de Jacques Debrosse. Sous Louis-Philippe, un énorme corps de logis a été soudé à la façade principale.

Le *palais Médicis*, du nom de la reine qui l'habitait, fut légué par elle à Gaston d'Orléans qui le transmit

à sa fille la *grande Mademoiselle*, la femme morgana-
tique du célèbre Lauzun. Sous la régence, le Luxembourg devint la résidence de la duchesse de Berry,
fille du régent, et le théâtre de ses désordres ; ce palais fit ensuite partie de l'apanage de *Monsieur*, frère
du roi Louis XVI ; la révolution le transforma en

Salle des séances du Sénat.

prison, où vinrent tour à tour les plus célèbres d'entre
les hommes de l'époque, Danton, Camille Desmoulins,
Robespierre, David, etc., etc. Sous le directoire, grâce
à Barras, le palais reprit un air de luxe et de fête.
Devenu palais Consulaire, après avoir été palais Di-
rectorial, il devint palais du Sénat, quand le premier
consul fixa sa résidence aux Tuileries. Sous la restauration, la chambre des pairs fut installée au Luxem-

bourg. En février 1848, la commission des travailleurs, présidée par M. Louis Blanc, y tint ses séances. La salle, restaurée et remise dans son état primitif, sauf la suppression de la tribune, sert aux réunions du sénat. Il faut bien se garder de quitter le Luxembourg sans avoir admiré la coupole de la bibliothèque, dont les magnifiques peintures, représentant les champs Élysées, sont dues au pinceau d'Eugène Delacroix.

Le petit Luxembourg est la résidence du grand référendaire du sénat; c'est une construction sans physionomie particulière, soit au point de vue de l'art, soit à celui de l'histoire. Parmi les divers pouvoirs qui se sont succédé au Luxembourg, nous avons oublié de mentionner la commission des Cinq, composée de MM. Ledru-Rollin, Arago, Lamartine, Marie, Garnier-Pagès, qui remplaça le gouvernement provisoire, et fut remplacée par le général Cavaignac. Au bout du jardin du Luxembourg, dans l'allée qui mène à l'Observatoire, eut lieu, le 7 décembre 1815, l'exécution du maréchal Ney; trente-neuf ans après, c'est-à-dire le 7 décembre 1854, on a inauguré à cette même place la statue de la victime.

Ce monument, dont l'assemblée constituante avait décrété l'érection, se compose d'un piédestal en marbre blanc posé sur un socle en marbre griotte, avec une base circulaire de 10 mètres de diamètre, en granit de Cherbourg, sur lequel est une grille de 1 mètre de hauteur; sur le piédestal s'élève la statue en bronze, œuvre de M. Rude, représentant le général le sabre en l'air, excitant ses troupes par son exemple; le piédestal est de M. de Gisors.

Hôtel de Ville.

L'association de marchands connue sous le nom de *Hanse parisienne* siégeait, dans son origine, dans une maison située sur les bords de la Seine, à l'ouest du grand Châtelet, dans un lieu alors nommé *Vallée de misère;* la Hanse changea de place et se transporta près de l'enclos des Jacobins, au point de jonction de la rue Saint-Hyacinthe et de la place Saint-Michel, dans un logis qui prit le nom de *Parloir aux bourgeois.* En 1337, une grande maison de la place de Grève fut achetée par le corps municipal dont le pouvoir et l'influence grandissaient tous les jours. On décida que cette maison et d'autres constructions voisines seraient démolies pour faire place à un monument plus digne de son importante destination. C'est là l'origine de l'hôtel de ville actuel. Le 15 juillet 1533, la première pierre de cet édifice fut posée par le prévôt des marchands, Pierre Viole; il ne fut achevé qu'en 1605, sous le règne de Henri IV et sous la prévôté de François Miron.

Maintenant nous pouvons diviser l'histoire des agrandissements de l'hôtel de ville en trois périodes distinctes. La première commence à la fondation, sous François Ier, de la partie la plus ancienne de l'édifice actuel destinée à remplacer la vieille maison aux *Piliers* ou aux *Dauphins,* qui, ainsi que nous l'avons dit, fut, depuis 1337 jusqu'en 1532, le siège de la prévôté et du bureau de la ville. La seconde comprend les additions, assez peu importantes du reste, qui furent faites au bâtiment primitif sous le consulat, l'empire et la restauration. La troisième période embrasse les constructions contemporaines, occupant une surface de terrain

Hôtel de ville.

presque double de celle que couvraient les anciens bâtiments.

Dominique Bocador dit de Cortone présida aux travaux de l'édifice, dont les deux premiers étages se
trouvèrent terminés en 1549. Pendant les règnes orageux
qui se succédèrent depuis Henri II jusqu'à Henri IV,
les travaux furent suspendus et ne reprirent que sous
ce dernier monarque qui en vit la fin. Le plan primitif
de Cortone avait été modifié par Androuet du Cerceau.

Les accroissements successifs de la capitale et le développement pris par l'antique corporation des marchands de la ville de Paris firent reconnaître, plus tard,
l'insuffisance des bâtiments de l'hôtel de ville. En 1749,
les conseillers du roi Louis XV agitèrent sérieusement
la question du remplacement de cet édifice. On parla
beaucoup de l'hôtel Conti. Ce projet avait les préfé-
rences du conseil, mais il fut abandonné, et on revint
au projet qui consistait purement et simplement à
agrandir l'hôtel de ville. Cet agrandissement fut même
prescrit par une ordonnance en date du 11 janvier 1750;
mais le triste état des finances empêcha d'y donner
suite. Les choses restèrent dans le même état jusqu'en 1789. A cette époque, la commune de Paris
s'installa dans la grande salle devenue plus tard *salle
du Trône,* et y tint ses séances jusqu'au 9 thermidor
an 2. Sous le concordat, le préfet de la Seine prit possession de l'ancienne demeure du prévôt des marchands, à laquelle on fit quelques additions. Sur l'emplacement de l'ancien hôpital du Saint-Esprit, on éleva
l'hôtel particulier du préfet, et la chapelle de la communion de l'église Saint-Jean en Grève, presque con-
tiguë à l'hôtel de ville, fut appropriée pour quelques-
uns des services administratifs. De 1811 à 1815, on
s'occupa d'un nouveau monument, dont les plans de-

vaient se combiner avec la grande voie destinée à relier la colonnade du Louvre et la barrière du Trône. Ces plans ne reçurent aucune exécution ; la restauration laissa l'hôtel de ville comme elle l'avait trouvé, sauf la salle dite *du Jardin*, construction provisoire élevée en 1823 pour les fêtes données au duc d'Angoulême après son retour d'Espagne.

Cependant les bâtiments ne suffisaient plus au service administratif. La nécessité de centraliser une foule d'administrations fit résoudre, sinon une reconstruction complète, du moins une augmentation notable de l'édifice. Le conseil municipal donna son approbation au projet d'agrandissement, dont le périmètre fut déterminé par une ordonnance royale du 24 août 1836. Les démolitions et les fouilles commencèrent l'année suivante, les travaux marchèrent rapidement, et, en 1841, l'immense parallélogramme qui compose l'édifice et qui couvre une superficie de 8,850 mètres, était debout. Restait à faire les travaux d'art ; ils ne furent commencés qu'en 1843, en même temps que la restauration de la partie ancienne de l'édifice, dont les additions contemporaines reproduisent assez fidèlement la forme architecturale. Les dépenses occasionnées par ces divers travaux et par l'achat d'immeubles à démolir atteint le chiffre de 15 millions de francs.

Le gouvernement républicain s'attacha, de 1849 à 1852, à terminer l'intérieur de l'hôtel de ville, et fit décorer la grande galerie des Fêtes, ainsi que les nouveaux salons inaugurés au mois de janvier 1853. Les principales salles de réception de l'hôtel de ville sont : la salle du Trône, la salle aux Arcades, celle de l'Empereur, les salons Jaune, Bleu, du Zodiaque, la grande galerie des Fêtes, les deux salons des Arts, la salle des Cariatides, le salon de la Paix et les deux salons des

Prévôts, qui contiennent la série des bustes de ces dignitaires municipaux depuis le règne de saint Louis jusqu'à la régence du duc d'Orléans. « Ces différentes pièces, dit le savant Duchâtelet, qui nous fournit ces

Grande galerie des Fêtes.

détails, forment dans leur ensemble un parcours de près d'un kilomètre.

La salle du Trône, qui s'ouvre sur la place, était jadis ornée de tableaux dus au pinceau de Largillière et de Carle Vanloo. C'est dans cette salle, dont les cheminées monumentales ont été sculptées par Biard et Bodin, que se donnent les banquets officiels. On y peut réunir deux cents convives; douze lustres de cent bougies éclairent cette salle. Les quatre grands panneaux faisant face aux fenêtres sont occupés par des peintures de Séchan représentant la ville de Paris personnifiée sous les traits d'une femme aux cinquième, douzième, dix-septième et dix-neuvième siècles. Le salon aux Arcades est remarquable par ses belles proportions architecturales. MM. Schopin, Vauchelet, Picot et Hesse ont concouru à sa décoration. M. Ingres a peint, sur le plafond du salon de l'Empereur, l'Apothéose de Napoléon 1er.

Le premier salon des Arts précède la grand galerie des Fêtes, qui prend jour par seize baies en arcades; trente-deux colonnes dégagées d'ordre corinthien forment sa décoration architecturale. M. Henri Lehmann a peint, dans les voussures et les pendentifs, une grande composition symbolique résumant l'histoire de la civilisation; cette œuvre est composée de cinquante-six sujets et ne contient pas moins de cent quatre-vingt figures dont les principales sont de six pieds. La salle des Cariatides se distingue par l'originalité de sa construction; elle a été décorée par MM. Gosse, Benouville, Cabanel. Les peintures des deux salons des Arts et de celui de la Paix sont dues à MM. Eugène Delacroix et Landelle. M. Riesener a décoré le premier salon des Prévôts; dans le second, M. Muller a retracé d'un pinceau faible et terne la grande scène de l'Affranchissement des communes par Louis le Gros, en 1110.

Cet ensemble va être complété par des travaux en train d'exécution et qui ont pour but d'établir une communication facile entre les diverses parties de l'édifice. La galerie des bureaux de la comptabilité, décorée avec luxe, permettra de relier le premier étage aux salons qui donnent sur le quai. Un double escalier, élégamment orné, construit sur l'emplacement d'une ancienne cour, monte sous un dôme vitré jusqu'au sommet de l'édifice et permet au public l'accès des tri-

bunes hautes de la galerie des Fêtes. La galerie située
près de la salle du Trône et le salon du Zodiaque viennent de recevoir une décoration nouvelle. Tous ces travaux ont été exécutés sous la direction de M. Victor
Baltard.

L'ancienne façade de l'hôtel de ville présente un corps
de bâtiment flanqué de deux pavillons dont les combles, selon la mode architecturale du temps, sont très-
élevés. Un campanile d'une grande élégance de coupe
surmonte cette façade, percée de treize fenêtres sous
lesquelles s'étend une série de niches remplies par des
statues d'hommes remarquables. Voltaire occupe une
de ces niches. La cour de l'édifice forme un trapèze
entouré de portiques. Sous l'arcade qui fait face à l'entrée, sur la place de Grève, se dresse la statue de
Louis XIV, œuvre insignifiante de Coysevox. Le grand
roi, quoique à pied, n'a point quitté son éternel costume de triomphateur romain.

Comment quitter l'hôtel de ville sans raconter quelques-uns des événements dont il a été le théâtre? Ces
degrés qui mènent à la cour d'honneur ont vu descendre
Foulon et monter Louis XVI sous une voûte d'épées;
Lafayette y vint recevoir le roi de 1789 et le roi de 1830,
et y donna deux fois le mouvement et la vie à cette
grande institution de la garde nationale. Robespierre
reçut le coup mortel dans la salle de la commune, et
cette machine révolutionnaire périt en même temps
que lui. A partir du 9 thermidor jusqu'à la conspiration
de Mallet, rien ne vient réveiller les échos politiques
de l'hôtel de ville. Après quelques heures d'agitation
inaccoutumée, le silence règne de nouveau dans ces
murs consacrés aux paisibles travaux de la bureau-
cratie. En 1830, le peuple assiége ce monument et s'en
empare après une vive résistance des Suisses et des

gardes royaux qui le défendent. La direction de la révolution de juillet part un moment de l'hôtel de ville ; mais le Palais-Royal et bientôt les Tuileries luttent avec lui d'influence, et la révolution quitte le palais de la place de Grève pour n'y rentrer qu'en 1848 avec le gouvernement provisoire. Les scènes dont l'hôtel de ville fut le théâtre à cette époque sont restées dans le souvenir de tout le monde. Il en est une seule que nous voulons rappeler : c'est du haut de ce perron que Lamartine lut au peuple et à la garde nationale, réunis en foule sur la place, le décret qui abolissait la peine de mort en matière politique, noble et touchante expiation du sang innocent trop souvent versé en face de l'hôtel de ville.

Le Palais de Justice.

Il est difficile d'assigner une date positive à la fondation de ce palais ; on croit qu'il existait déjà du temps des Romains. Des documents certains démontrent que plus d'un roi de la première race y fixa sa résidence. Plus tard, Hugues Capet vint s'y établir définitivement ; Robert, son fils, le rebâtit entièrement. Philippe-Auguste, saint Louis, Philippe le Hardi et Philippe le Bel l'habitèrent successivement. La salle dite actuellement des *Pas-Perdus* occupe l'emplacement d'une vaste salle construite par saint Louis pour les solennités de la cour ; d'autres constructions dues à ce prince subsistent encore dans l'endroit appelé vulgairement *cuisines de saint Louis*. Il paraît prouvé que Philippe le Bel avait remis cet édifice entièrement à neuf en 1313. Charles VIII, Louis XI et Louis XII augmentèrent ses constructions.

La cour du parlement *(parlamentum)*, étant devenue

sédentaire de nomade qu'elle était, tint ses séances dans le palais de la Cité, du temps même de saint Louis, dont le nom resta à la chambre occupée par la Tournelle ; la grande chambre porta longtemps le nom de *chambre dorée*, à cause des ornements dont Louis XII

Palais de Justice.

fit couvrir ses murs. C'était, sous Louis le Bel, la chambre des plaids *(camera placitorum)*.

Charles VI revint habiter le palais de la Cité, abandonné par son père pour l'hôtel Saint-Paul, qu'il quitta cependant lors des guerres civiles des Armagnacs et des Bourguignons, se croyant plus en sûreté dans son ancienne résidence. C'est dans la chambre même de Charles V, en présence de ce pauvre monarque insensé, que le prévôt de Paris, Étienne Marcel, fit massacrer

Robert de Clermont, maréchal de Normandie, et Jean de Couflans, maréchal de Champagne. En 1531, les rois n'avaient pas encore complétement abandonné ce palais, puisque nous voyons cette même année François Ier rendre le pain bénit à Saint-Barthélemy en la Cité, comme paroissien de cette église.

Nous avons dit que la salle des Pas-Perdus remplaçait la grande salle construite par saint Louis. Ses voûtes en bois étaient soutenues par des piliers de chêne dorés sur une enluminure d'azur. Les statues des rois de France, depuis Pharamond, garnissaient les travées. Louis XI plaça une chapelle à l'une des extrémités ; l'autre était occupée par une immense table de marbre où se faisaient les festins royaux, et sur laquelle les élèves de la basoche avaient le privilége de représenter des *farces, moralités* et *sotties.*

Deux incendies successifs, arrivés, le premier le 7 mai 1618, le second le 10 janvier 1776, ont fait disparaître tous les vestiges de cette salle. Jacques Debrosse, l'architecte du Luxembourg, fut chargé d'en construire une nouvelle, c'est la salle actuelle des *Pas-Perdus.* Après le second incendie, il devint indispensable d'opérer le raccordement des diverses parties du palais. La direction de ces travaux fut confiée à MM. Moreau, Antoine, Couture et Desmaisons. Ces architectes élevèrent sur le perron qui couronne le grand escalier le principal corps de bâtiment, placé au fond de la *cour du Mai,* ainsi nommée à cause de l'arbre que venaient y planter, le 1er mai, les clercs de la basoche. Les échoppes qui obstruaient l'entrée du côté du pont au Change furent démolies. On allait s'occuper de la restauration de toute la partie donnant sur le quai de l'Horloge, lorsque survint la révolution. Cette restauration, enfin commencée sous Louis-Philippe, vient d'être terminée.

La tour, qui donne son nom au quai, se dégage maintenant à l'angle qui fait face au pont au Change. C'est
dans cette tour que fut placée, en 1370, par un horlo-
ger allemand nommé de Vic, la première horloge publique qu'on vit à Paris. Henri III, qui en fit réparer
le cadran, l'orna des figures de la Force et de la Justice,
et Jean Passerat composa pour elle une foule d'inscriptions allégoriques. La cloche placée au sommet de

Tour de l'Horloge.

cette tour et qu'on appelait *locsin du Palais*, fut fondue
en 1793 ; c'est à cette époque qu'on brisa les armoiries
de France et de Pologne réunies en écusson au-dessous
du cadran.

Le Tribunal de première instance, la Cour impériale
et la Cour de cassation sont installés dans le Palais
dont la complète restauration touche à sa fin. La visite
complète de cet édifice est pour le voyageur un sujet
fécond d'émotions et de curiosité. Les gardiens du
palais servent de cicerone et ouvrent toutes les portes
excepté celle de la sainte Chapelle, qu'on ne peut voir
qu'en vertu d'une autorisation spéciale. On montre dans
les combles, où sont rangées les archives, la salle où

le tribunal révolutionnaire tenait ses séances. La Cour de cassation se réunit pour les séances solennelles dans la grande chambre du parlement. Les dispositions intérieures n'en ont été que légèrement modifiées. C'est dans cette salle que Louis XIV pénétra botté, éperonné et un fouet à la main, pour signifier ses ordres au parlement ; c'est là aussi que ses dernières volontés furent brisées, et son testament cassé par ces mêmes conseillers qu'il avait presque menacés du fouet et traités comme des laquais. La conciergerie fait partie du palais de justice ; il faut visiter cette prison, où passèrent tour à tour Marie-Antoinette, Danton, Hébert, Chaumette, Robespierre, et qui servit, après la révolution de février, de lieu de détention aux journalistes condamnés pour délits politiques, entre autres à Proudhon, à Charles Hugo et à Paul Meurice.

Le Palais Mazarin.

Par son testament, le cardinal Mazarin pourvut à la fondation d'un collége pour soixante gentilshommes du territoire de Pignerol, de l'État ecclésiastique, de l'Alsace et pays d'Allemagne, de la Flandre et du Roussillon ; c'est ce qui fit désigner vulgairement cet établissement sous le nom de *Collége des Quatre-Nations*. Les exécuteurs testamentaires du cardinal achetèrent ce qui restait encore de l'hôtel et du séjour de Nesle, pour y bâtir le collége, constitué par lettres patentes de juin 1665. Levau commença le monument sur l'emplacement même où s'élevait la fameuse tour de Nesle, et les architectes Lambert et d'Orbay le terminèrent. Composée d'un avant-corps surmonté d'un dôme et de deux ailes en demi-cercle que terminent deux gros pavillons, la façade de cet édifice, avec ses lignes ressautées, ses colonnes mêlées à des pilastres, offre un bizarre assemblage de combinaisons architecturales dont l'effet définitif n'est point dépourvu de grandeur. L'avant-corps, au-dessus duquel s'élève le fronton, sert d'entrée au dôme, ancienne chapelle du collége, qui renfermait le tombeau du cardinal Mazarin. Afin de

Palais de l'Institut.

placer, dans l'intérieur des murs, quatre escaliers à vis par lesquels on monte sur le comble de l'édifice, l'architecte a donné la forme elliptique à cette partie, tandis que le dôme extérieur est circulaire. Cette chapelle a été reconstruite pour servir aux séances solennelles de l'Institut et de l'Académie française.

La révolution transforma le palais Mazarin en maison d'arrêt ; le comité général du département y tint ses séances. Le 3 brumaire an 5, les anciennes académies, qui siégeaient au Louvre, ayant été rétablies sous le nom d'Institut de France, on installa le nouvel établissement dans le collége des Quatre-Nations, et il en est

Salle des séances de l'Institut.

resté, depuis ce temps, le paisible possesseur, quoiqu'il ait été souvent question de démolir cet édifice, qui coupe désagréablement le quai, intercepte la vue, et ne se marie pas aussi heureusement qu'on pourrait le souhaiter avec la façade latérale située en regard, de l'autre côté de la Seine.

La bibliothèque du cardinal Mazarin, léguée par lui au collége qu'il avait fondé, occupe une partie des bâtiments. Le reste est divisé en appartements et en ateliers que l'État accorde gratuitement à quelques artistes et à quelques employés.

École des Beaux-Arts.

En 1816, Louis XVIII affecta l'ancien couvent des Petits-Augustins, fondé par la reine Marguerite de Valois, aux écoles de dessin, et chargea M. Debret de construire un édifice approprié à leurs besoins. M. Duban succéda à M. Debret dans ce travail, et l'accomplit dans une donnée architecturale qui sort du poncif gréco-romain, adopté jusqu'alors dans la plupart des monuments. Après avoir franchi une grille dont les deux pilastres sont ornés des bustes de Pierre Pujet et de Poussin, nous entrons dans la première cour, et nous trouvons à droite le portique d'Anet, dessiné par Philibert Delorme, en 1540, pour Diane de Poitiers. Ce portail sert d'entrée à l'ancienne église des Petits-Augustins, dont quelques dispositions nouvelles rappellent celles de la chapelle Sixtine. La copie du *Jugement dernier* de Michel-Ange, par Sigalon, occupe le mur du fond ; les copies des *Sibylles* et des *Prophètes* du même peintre et de son élève Boucoiron garnissent les voussures de l'église. Le chef-d'œuvre que Ghiberti a sculpté pour le baptistère de Florence orne la porte de la chapelle, construite par les ordres de la reine Marguerite ; on y admire la magnifique statue de Lorenzo de Médicis, si connue sous le nom d'*il Pensiero*. Cent quarante dessinateurs et trente-quatre sculpteurs viennent tous les jours étudier la nature et l'antique dans les salles du rez-de-chaussée du bâtiment de l'administration, qui vient après la chapelle. A côté des salles d'étude s'étendent deux amphithéâtres pouvant contenir quatre cents personnes, pour les cours d'architecture, de mathématiques, de construction, de perspective et d'histoire. Des fragments de l'hôtel de la Trémouille sont appliqués sur les

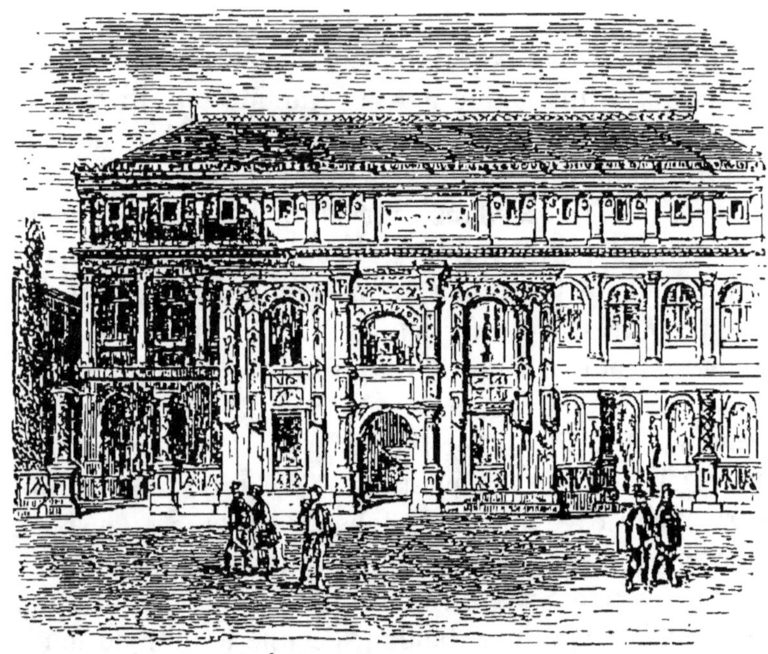

École des Beaux-Arts.

murs de ce bâtiment, décoré d'arcades ioniques. L'arc de Gaillon termine cette première cour.

La façade du palais s'ouvre sur la seconde cour, dont le milieu est orné d'une flaque antique, débris de l'abbaye de Saint-Denis. Les deux *discoboles* se dressent devant l'arc de Gaillon ; des constructions demi-circulaires, plaquées de fragments sculpturaux antiques et de la renaissance, ferment les côtés de la cour. Deux arceaux de l'hôtel de Gaillon se détachent d'une façon élégante et gracieuse à son extrémité. L'arceau de gauche clôt la cour du bâtiment des loges, où on enferme les élèves appelés à concourir pour le prix de Rome. Les ateliers de moulage et les magasins occupent le bas de ce corps de logis. La salle d'anatomie est située à l'entrée de cette cour, d'où l'on aperçoit, encadrés dans l'arceau de droite, les jardins de l'hôtel de Bouillon. Pénétrons maintenant dans le palais, dont la porte, ornée aux deux côtés de médaillons de bronze où l'on voit, sur un fond d'or, les portraits de Jean Goujon et de Philibert Delorme, est surmontée de l'inscription suivante, sur une plaque de marbre des Pyrénées :

ÉCOLE IMPÉRIALE ET SPÉCIALE DES BEAUX-ARTS.

Au-dessus, les portraits de Lesueur et de Poussin se détachent sur un fond d'or, dans des médaillons de marbre. Un perron de six marches conduit au rez-de-chaussée du palais, dans une salle qui recevra la collection des marbres enlevés par lord Elgin au Parthénon, et dont on est en train d'achever le moulage. Deux galeries s'étendent à droite et à gauche, renfermant, celle de droite des moulages grecs, celle de gauche des moulages gréco-romains.

Notre Guide spécial des musées s'attachera à la description exacte et détaillée de tous les ouvrages renfermés dans le palais des Beaux-Arts. Notre tâche doit se borner à une excursion rapide. Traversons donc la cour intérieure et faisons le tour de la salle de l'hémicycle, dans laquelle M. Delaroche a peint une fresque semi-circulaire, symbolisant une distribution de prix aux artistes de tous les temps et de tous les pays, par les plus illustres représentants de l'art. C'est dans cette salle que se font les distributions annuelles de récompenses aux élèves de l'école. Maintenant, traversons de nouveau la cour intérieure pour gravir les deux escaliers de la première salle. Nous trouverons, à droite, la salle contenant la collection des grands prix de peinture, depuis 1721, et les prix de torse ; à gauche, la salle de réunion des professeurs, ornée des portraits des membres de l'ancienne Académie de peinture et de sculpture. Viennent après une galerie qui formera bibliothèque, la salle dite de Louis XIV, une salle pour les expositions d'architecture, et enfin la grande salle du palais, dans laquelle se trouvent le Colysée de Rome et les principaux monuments romains du Midi, exécutés en liége par M. Pelet, de Nîmes. Mentionnons également les dessins de M. Hugot sur l'Égypte, et une collection de sceaux formée par M. de Taulès.

En 1791, M. Lenoir fut nommé conservateur des objets d'art déposés au Musée des Petits-Augustins. Ainsi que nous l'avons dit, Louis XVIII remplaça ce musée par l'École des beaux-arts, au grand préjudice des amateurs et des artistes, qui n'ont plus sous la main cette admirable collection de statues, de meubles, de tableaux, d'objets précieux de toute nature, qu'une fausse mesure administrative a fait restituer à des propriétaires dont les droits n'étaient rien moins qu'absolus.

Palais du Corps-Législatif.

Le lieu auguste où se sont rassemblés et où se rassemblent encore nos législateurs, devait servir d'hôtel aux mousquetaires. L'État ne pouvant payer l'emplacement acheté à cet effet aux moines de Saint-Germain des Prés, la duchesse de Bourbon se chargea du marché

et fit bâtir à cet endroit, en 1622, un hôtel dont un architecte italien nommé Girardoni fournit le plan. A côté
de cet hôtel était, à cette époque, un autre petit hôtel
appartenant à la famille de Sassay ; il sert aujourd'hui
de logement au président du corps-législatif. L'hôtel
Bourbon reçut de notables agrandissements en 1777,

Palais du Corps-Législatif.

lorsque le prince de Condé témoigna l'intention de l'habiter ; les constructions nécessitées par ces agrandissements étaient terminées lorsque la révolution éclata et
fit de l'immeuble des Condé une propriété nationale
qui servit de siége à l'administration centrale des trans-
ports militaires, et de premier local à l'École polytechnique et aux expositions de l'industrie française, puis

de lieu de réunion pour les membres du conseil des Cinq-Cents qui y tint ses séances jusqu'au 18 brumaire.

L'empereur affecta le palais Bourbon aux séances du corps-législatif, remplacé, en 1814, par la chambre des députés, qui paya un loyer au prince de Condé jusqu'à ce que l'État lui eût racheté cette propriété qu'il lui avait rendue à la restauration. La salle actuelle a été construite en 1828, sous le ministère Martignac. Au bas du péristyle du palais Bourbon sont les statues de Sully, Colbert, l'Hospital et d'Aguesseau. M. Cortot a représenté dans le fronton la France, à laquelle l'Art, la Science, l'Industrie, la Politique, forment un brillant cortége.

Ce monument a vu les plus grands événements de l'histoire contemporaine; il a retenti des plus nobles accents de l'éloquence et de la liberté, des inspirations les plus variées de l'esprit humain. Faire son histoire serait entreprendre celle de la France depuis plus de quarante ans; ceci n'est pas de notre tâche.

Affaires étrangères.

A côté du palais Bourbon s'élève l'hôtel du ministère des affaires étrangères, construction récente d'un assez bel aspect architectural.

Palais du quai d'Orsay.

C'est en 1810 que la première pierre de cet édifice fut posée. Napoléon voulait en faire le palais des am-

bassadeurs. Laissé longtemps inachevé, les travaux
de ce palais ne furent activement repris qu'en 1833.
Terminé deux ans après, il est devenu le siége défi-

Palais du quai d'Orsay.

nitif du conseil d'État et des archives de la Cour des
comptes.

Palais de la Légion d'Honneur.

C'est l'ancien hôtel du prince de Salm, assez médiocre inspiration de l'architecture de la fin du dix-
huitième siècle (1786). La façade qui donne sur le quai
d'Orsay emprunte au voisinage de la rivière et au dégagement qui en résulte par l'absence de vis-à-vis, une

physionomie plus élégante et plus gracieuse que celle de la façade de la rue de Lille. Avant de devenir, en 1813, le séjour du grand chancelier et des bureaux de la Légion d'honneur, cet hôtel avait été occupé par

Palais de la Légion d'Honneur.

un forçat qui joua, pendant quelque temps, à Paris, en 1792, le même rôle que le comte de Sainte-Hélène dans les premières années de la restauration ; ils ne furent pas, du reste, plus heureux l'un que l'autre : le bagne reprit ce qu'il avait laissé échapper. Un souvenir illustre se rattache à ce palais, celui du séjour qu'y fit Mᵐᵉ de Staël pendant le directoire.

L'Hôtel des Invalides.

Avant Louis XIV, il n'existait pas d'établissement spécial destiné à recevoir les soldats blessés au service de la France. Quelques vieux militaires, sous le règne de Henri IV, avaient bien trouvé un asile dans un bâtiment de la rue de l'Oursine affecté par le roi à ce service; Louis XIII donna, de son côté, des ordres pour mettre le château de Bicêtre en état de recevoir les vétérans des armées françaises; mais, à la mort du roi, ces ordres n'avaient reçu qu'une exécution incomplète, et son fils put réaliser le projet de son grand-père et de son père avec cette magnificence grandiose qui caractérise la plupart de ses créations. Commencé en 1671, l'hôtel des Invalides était déjà assez avancé en 1674 pour recevoir des hôtes. Il est divisé en cinq parties principales, devant lesquelles s'étendent trois cours formant l'enceinte. Une avant-cour, fermée d'une grille et entourée de fossés, précède le premier corps de bâtiment. Sur les glacis de ces fossés sont braqués les canons officiels chargés d'annoncer aux Parisiens les grands événements du règne. L'avant-corps central est décoré de pilastres ioniques renfermant un arc occupé par la statue équestre de Louis XIV, flanquée des statues de la Justice et de la Prudence, par Coustou jeune, qui a également sculpté Mars et Minerve, placés des deux côtés de la porte de cette façade, présentant, au-dessus du rez-de-chaussée, trois étages de croisées ouvertes en arcades.

La première cour, ou cour d'Honneur, est entourée de portiques en arcades; un fronton couronne les deux ordres superposés de colonnes doriques et ioniques qui décorent l'avant-corps du fond conduisant à l'église.

Hôtel des Invalides.

Les bâtiments des autres cours sont régulièrement percés de fenêtres sans autre ornement que l'entablement. Ce plan frappe tout d'abord par sa simplicité grandiose. L'intérieur du grand corps de bâtiment, du côté de la rivière, est aussi divisé : le rez-de-chaussée du pavillon central sert de vestibule ; l'aile gauche est occupée par le gouverneur et son état-major ; l'aile droite, par les médecins et chirurgiens en chef ; le milieu, par la bibliothèque. Le surplus sert de logement aux officiers, sous-officiers et soldats, ainsi qu'aux divers usages de la maison. Les réfectoires sont ornés de peintures à fresque, par Martel, et de divers tableaux de Parrocel, représentant les principaux faits des campagnes de Louis XIV.

Plus de trois mille invalides, commandés par

deux cents officiers, reçoivent l'hospitalité dans ce vaste établissement, que l'on peut visiter tous les jours, de dix à quatre heures. Après avoir parcouru la galerie où sont placés les plans en relief des principales forteresses de France et jeté un coup d'œil dans les profondeurs des deux marmites de la cuisine, pouvant contenir 600 kilogrammes de viande, nous quitterons l'hôtel des Invalides pour nous rendre à l'École militaire, en traversant la belle esplanade plantée d'arbres qui s'étend jusqu'à la rivière et dont nous sommes redevables au ministre de la guerre d'Argenson.

L'École militaire.

Louis XV créa l'École militaire en faveur des fils d'officiers nobles trop pauvres pour faire donner une éducation à leurs enfants. Cinq cents jeunes gentilshommes y entrèrent à l'époque de sa fondation, en 1751. Le bâtiment de l'École fut construit par l'architecte Gabriel, qui l'orna d'une façade décorée d'un avant-corps de colonnes corinthiennes. Au centre est un vestibule à quatre rangs de colonnes d'ordre toscan, ouvert de trois portes sur les deux faces. A gauche de ce vestibule se trouve la chapelle, dont Louis XV posa la première pierre en 1769. Le principal corps de bâtisse, du côté de la cour, est décoré d'un ordre de colonnes doriques. L'avant-corps, dont les colonnes embrassent les deux étages, est surmonté d'un fronton et d'un attique. Deux vastes cours précèdent l'édifice. En 1788, le célèbre Lalande dirigea la construction d'un observatoire situé dans l'aile qui borde la première cour. Cet observatoire existe encore et sert de succursale à celui du Luxembourg. Sous l'empire, les bâtiments de l'École militaire servaient de caserne à la garde impériale ; ils

École militaire.

viennent de reprendre leur ancienne destination.

Devant l'École militaire s'étend le Champ de Mars, l'arène des grandes revues et des courses de chevaux.

De grands événements se sont passés sur ce vaste emplacement : les fédérations de 1790, 1791, 1792 ; les cérémonies funèbres de la révolte de Nancy ; l'inauguration de la constitution de 1793 ; la mort de Bailly ; les fêtes des victoires, de l'Être suprême, de l'Agriculture, du 10 août, de la Vieillesse ; les distributions des aigles ou des drapeaux ; le champ de mai ; le mariage du duc d'Orléans, et enfin les fêtes de la seconde république. C'est aussi au Champ de Mars qu'ont eu lieu les premières ascensions aérostatiques dont le héros fut le physicien Charles.

Avant 1770, le Champ

de Mars, destiné à tant de gloire, n'offrait qu'un terrain occupé par des maraîchers. A cette époque, on y traça un parallélogramme de 1,000 mètres de long sur 500 mètres de large ; et comme ou destinait le terrain aux élèves de l'École militaire, on lui donna le nom pompeux qu'il a conservé jusqu'à présent.

L'Observatoire.

Claude Perrault donna les dessins de ce monument dont les fondations furent posées en 1667. La construction en était déjà assez avancée lorsqu'on s'aperçut qu'elle offrait de graves inconvénients pour l'usage auquel on le destinait. Colbert chargea Cassini de s'entendre avec l'architecte pour diriger les travaux dans le sens le plus favorable aux études astronomiques ; mais Claude Perrault s'obstina dans son plan primitif, et il a fallu construire plus tard, en dehors de ce bâtiment colossal et sur la terrasse, des cabinets destinés à recevoir les instruments de physique et d'astronomie. Le faîte extérieur ne contenait pas une seule pièce où l'on pût se livrer convenablement à une série d'observations.

Des ouvertures pratiquées dans toutes les voûtes, et correspondant entre elles depuis le toit jusqu'au fond des caves souterraines, servent à mesurer les degrés d'accélération de la chute des corps, et à opérer la vérification des grands baromètres. Ces ouvertures pénètrent par un escalier en vis formant un puits très-profond jusqu'aux caves où se font les expériences sur les congélations et les réfrigérations, et sur les divers degrés d'humidité, de sécheresse, de chaleur et de froid. Par suite d'un phénomène d'acoustique dû à la forme elliptique des voûtes, les mots prononcés à voix

basse près du mur d'une salle parviennent à l'oreille
d'une personne placée près du mur opposé, sans être
entendues par un troisième individu placé entre elles.
La salle du Nord est ornée de peintures représentant
les Saisons et les signes du Zodiaque ; on y voit aussi
les portraits des plus célèbres astronomes, et un acro-

L'Observatoire.

mètre pour mesurer la force des vents. Une machine,
dite cuvette de jauge ou udomètre, donne la mesure de
l'eau pluviale tombée pendant l'année ; elle est placée
à l'extrémité de l'escalier qui mène à la plate-forme.

Les séances du Bureau des longitudes se tiennent
dans la salle principale du premier étage. C'est dans
ce local qu'a eu lieu ce fameux cours d'astronomie
dans lequel Arago a montré ce que peut en France

l'éloquence, jointe à la clarté d'esprit, pour populariser une science aussi abstraite que l'astronomie.

L'entrée de l'Oservatoire n'est point publique ; le visiteur, s'il n'est muni d'une permission spéciale du directeur, doit se borner à jouir de la vue magnifique qui se déroule du sommet de la plate-forme.

Le Conservatoire des Arts et Métiers.

Une restauration intelligente vient de faire revivre, pour ainsi dire, cet édifice, qui offre des échantillons fort complets de l'ancienne architecture religieuse. Nous citerons, entre autres, le réfectoire transformé en bibliothèque, la chapelle, et une cour intérieure arcades.

C'est le gouvernement conventionnel

Conservatoire des Arts et Métiers.

qui a fondé le Conservatoire des arts et métiers. Le 10 octobre 1794, Grégoire présenta le rapport relatif à cet établissement, qui ne devait être mis en activité que six ans plus tard. En 1800, un décret du Conseil des Cinq Cents affecta au conservatoire les bâtiments et dépendances de l'ancienne abbaye de Saint-Martin des Champs. En 1810, cet établissement reçut de nouveaux développements, et devint une école d'ingénieurs civils d'où sortent, chaque année, un grand nombre de sujets distingués.

La Bourse.

Le palais de la Bourse a été commencé en 1808 par
M. Brongniart, architecte, membre de l'Institut, et
continué par son collègue Labarre, qui fit subir d'importantes modifications au plan primitif. Il fut inau-

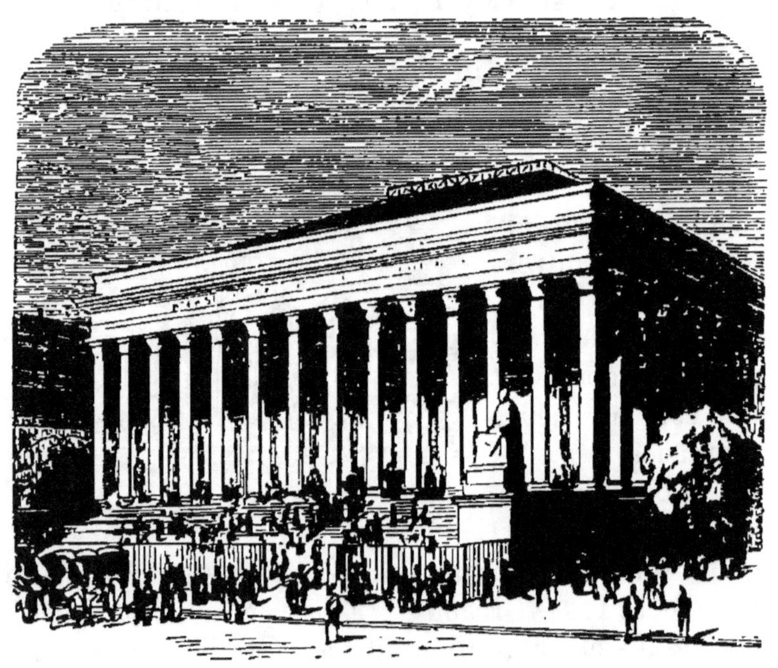

La Bourse ; vue extérieure.

guré le 4 novembre 1826, jour même de la fête du roi,
par **M.** Chabrol de Volvic, alors préfet de la Seine. Cet
édifice a été élevé en dix-neuf ans, au moyen d'une
imposition volontaire sur tous les négociants de Paris.
Les frais de construction se sont élevés à la somme
de 7,488,335 fr. 48 cent.

Aucune pièce de bois n'est entrée dans la construction de ce monument, élevé tout entier en pierre, fer et cuivre.

Le commerce de Paris attendait avec une vive impatience l'ouverture de la Bourse. Cependant, tout en comprenant le besoin bien naturel qu'éprouvaient les négociants d'avoir enfin un point de réunion central pour leurs affaires, le préfet de la Seine sentait combien il importait à la dignité de la ville de Paris que les travaux de peinture et de sculpture destinés à embellir ce monument fussent terminés avant l'inauguration. Une commission composée de MM. le comte Chabrol de Volvic, préfet de la Seine ; Cartellier, membre de l'Institut ; Dupaty, *idem ;* Castellan, *idem ;* le comte Turpin de Crissé, et Letellier, auxquels on adjoignit plus tard MM. le baron de Valckenaër, secrétaire général de la préfecture de la Seine ; de Fresne, Cortot, Ingres, Lebas et Goddè, procéda, le 9 septembre 1825, à la répartition des travaux en question, qui, malgré leur importance, furent terminés en quatorze mois pour le jour même de l'inauguration.

Les grisailles à l'huile de la grande salle du palais de la Bourse sont de M. Abel de Pujol ; elles représentent : la Ville de Bordeaux, — l'Inauguration de la Bourse par Charles X, — la Ville de Lille, — Nantes, — l'Asie, — la France accueillant les produits des quatre parties du monde, — l'Europe, — Rouen, — Bayonne. — M. Meynier a reproduit : l'Afrique, — l'Union du Commerce, des Sciences et des Arts, — l'Amérique, — Lyon, — Strasbourg, — Marseille.

La grande salle du tribunal de commerce, située au premier étage de l'édifice, est ornée de divers tableaux de MM. Vinchon, Blondel, Degeorge, et de bustes de MM. Bra, Debay et Caillouette.

MM. Cortot, Pradier, Petitot et Roman ont sculpté les statues des perrons représentant *la Justice, la Fortune publique, l'Abondance, la Prudence*. Les vingt-huit petits génies qui courent sur la frise de la grande salle de la Bourse sont de Petitot. Le bas-relief du grand escalier, représentant *Thémis et Mercure descendus sur la terre*, est dû au ciseau de Laitié; le même artiste a sculpté pour les arcades de la chambre de commerce deux autres bas-reliefs figurant, l'un *la Prudence*, l'autre *la Sagesse*, toutes deux assises. Dans la petite salle du tribunal de commerce, on remarque un buste de Louis XVIII par Debay, et un bas-relief de M. Valois, symbolisant Mercure.

Avant l'inauguration de ce monument, la Bourse s'était tenue rue Quincampoix. Les désordres commis dans cette rue firent comprendre à l'autorité la nécessité d'entourer les transactions financières d'une surveillance plus active; elle fixa un lieu spécial pour ces opérations, et nomma les agents pour y présider. Ainsi furent créées à la fois la Bourse et la compagnie des agents de change. A partir de cette époque jusqu'en 1790, la Bourse se tint dans une des salles de la Bibliothèque Mazarine; dans l'église des Petits-Pères jusqu'à la restauration; et à dater de ce moment jusqu'en 1826, dans un local destiné à renfermer les décors de l'Opéra.

Pendant qu'une foule avide et affairée forme des groupes animés dans les galeries extérieures, montons l'escalier qui conduit aux galeries supérieures, et jetons un coup d'œil sur le spectacle étrange que nous avons sous les yeux. Autour d'une galerie circulaire, une quarantaine d'individus s'agitent, se démènent, vocifèrent comme des furieux : ce sont messieurs les agents de change réunis autour de *la cor-*

beille ; c'est là aussi ce qu'on nomme *le parquet.* Cette immense cohue, entassée sous les colonnes de gauche, c'est la *coulisse* ; là se tiennent les *courtiers marrons*, les *intermédiaires*, toutes les classes des proxénètes de la spéculation ; plus loin sont agglomérés les joueurs,

La Bourse ; vue intérieure.

les actionnaires, les dupes ; le milieu de la salle est réservé aux princes de la finance qui y siégent entourés d'une armée de clients. D'une heure à trois, c'est une fourmilière à ne rien distinguer, un vacarme à ne rien entendre. A trois heures, un coup de cloche met ce pandémonium en fuite, et les coulissiers se reposent de leurs fatigues jusqu'à l'heure où s'ouvre la Bourse nocturne du passage de l'Opéra.

Hôtel de la Banque.

Ce vaste hôtel, consacré à Plutus, eut un moment une plus noble destination. L'imprimerie nationale y fut transférée en 1595 ; elle n'y séjourna que pendant quelques années, et la banque vint l'y remplacer. Bâti par Mansart, acheté en 1713 par le comte de Toulouse, cet hôtel porta alternativement le nom de ce prince et celui du duc de Penthièvre son fils. On vient de le restaurer complétement.

Hôtel de la Banque.

Le portail actuel est une reproduction de l'ancien portail reconstruit sur des bases plus grandioses.

Hôtel des Monnaies.

L'abbé Terray, le contrôleur général de 1771, financier équivoque, mais administrateur intelligent, voulant centraliser dans un établissement unique la fabrication des monnaies et toutes les opérations qui y ont rapport, jeta les yeux sur l'emplacement occupé par

Hôtel des Monnaies.

l'hôtel de Conti. On démolit ce palais en 1772, l'abbé Terray posa la première pierre de l'édifice actuel, qui, outre les ateliers de fabrication, renferme encore un important musée de médailles et de monnaies, une

Hôtel des Monnaies ; vue intérieure.

collection complète des outils et machines dont on se servait autrefois pour frapper les monnaies.

Le Palais de l'Industrie.

L'échafaudage dressé pour l'ornementation de la façade du palais de l'Industrie a disparu depuis peu. On peut juger maintenant l'effet architectural de cette fa-

Palais de l'Industrie; entrée principale.

Palais de l'Industrie ; vue extérieure.

çade dont l'aspect monumental est des plus satisfaisants. Elle se compose de trois avant-corps, deux aux extrémités formant pavillons, et un au centre où se trouve la principale entrée. Sur un soubassement très-élevé, orné de plaques de marbre vert des Pyrénées, reposent quatre colonnes corinthiennes d'une parfaite régularité de profils. Au-dessus, règne un attique décoré de pilastres d'ordre composite, surmontés des initiales N E entrelacées ; deux génies s'appuient sur les armes impériales incrustées à l'aplomb de l'attique.

Dans les demi-cintres de la porte d'entrée, deux Renommées embouchent la trompette ; toutes les deux sont sculptées en ronde bosse. Un piédouche aux armes de la ville de Paris supporte une plaque en marbre noir indiquant la destination du monument. A la hauteur de l'attique, sur la frise, on a sculpté un grand bas-relief représentant l'Agriculture, les Arts et l'Industrie. Le buste de Napoléon III occupe le centre de ce bas-relief. Pour terminer le tout, une statue colossale de la France, couronnée d'une gloire, distribue des couronnes aux lauréats.

Nous avons dit plus haut que la façade principale se composait de trois avant-corps. Quoique cette disposition ne se retrouve plus sur les côtés, lesquels sont seulement divisés par les quatre pavillons d'angles, la même frise règne sur tout le pourtour du monument et sépare le rez-de-chaussée du premier étage. Sur cette frise on lit les noms des hommes les plus illustres de tous les temps et tous les peuples, soit dans les arts, les sciences, l'industrie, le commerce ou l'agriculture. La décoration change à l'étage supérieur ; elle est formée par les noms des principales villes de France, inscrits dans l'entre-colonnement des fenêtres.

Cet ensemble extérieur ne manque ni de grandeur ni de caractère. Quant aux dispositions intérieures, elles ont été l'objet de diverses critiques ; l'exposition maintenant ouverte permet de juger si elles sont fondées et si le monument ne répond pas entièrement, comme on l'a dit, aux nécessités particulières de sa destination.

La première pierre du palais de l'Industrie a été posée par Louis-Napoléon Bonaparte, président de la république.

Le Palais des Thermes.

La description des principaux palais et hôtels de Paris serait incomplète si nous n'y faisions figurer deux

Palais des Thermes.

de ses plus anciens édifices en ce genre, le palais des Thermes et l'hôtel de Cluny. A quelle époque et par qui le palais des Thermes fut-il bâti? On l'ignore. On sait seulement que Julien l'Apostat y fixa sa résidence : c'est là qu'il reçut la nouvelle de son élévation à l'empire. Les rois des deux premières races l'habitèrent également. Il n'en reste plus aujourd'hui qu'un fragment de forme carrée, composé d'une grande pièce précédée d'une avant-salle. Des débris de chapiteaux sculptés en poupes de navires adhèrent encore aux angles de cette vaste pièce, à laquelle on ne peut assigner aucune destination spéciale dans l'ensemble de ce palais, dont le plan n'existe nulle part. Elle forme aujourd'hui une sorte d'annexe au Musée de Cluny, et sert de dépôt à des fragments de sculpture galloromaine.

L'Hôtel de Cluny.

Cet hôtel fut bâti, en 1490, par Jacques d'Amboise, abbé de Cluny, sur l'emplacement d'un édifice construit un siècle auparavant, à l'époque où on démolit une partie des Thermes de Julien. Le moyen âge nous a laissé dans l'hôtel de Cluny un spécimen des plus gracieux de son architecture. Le portail, les croisées, ornées de délicieuses sculptures, sont dans un état parfait de conservation, ainsi que la tour octogone qui s'élève à la droite du jardin, et dont l'escalier à vis conduit aux salles du Musée, formé par un particulier, M. Dusommerard, qui a cédé au gouvernement ses précieuses collections de costumes, d'ustensiles anciens, d'émaux, de meubles, de livres, d'ivoires, de parchemins, de ciselures. Le moyen âge revit tout entier dans ce Musée, qui figure à bon droit parmi les

plus curieux et les plus importants de l'Europe archéo-
logique.

Hôtel de Cluny.

Tour Saint-Jacques de la Boucherie.

Nous croyons devoir placer ici quelques détails sur
ce monument religieux, qui a été également transformé
en musée, et qui, placé entre le Louvre et l'hôtel de
ville, représente le moyen âge au centre du quartier
tout moderne de la rue de Rivoli.

La tour Saint-Jacques de la Boucherie était atte-
nante à une église du même nom, démolie bien avant
la révolution. Elle fut bâtie aux frais de Nicolas Flamel, simple *écrivain*, devenu possesseur d'une fortune
colossale, que les uns attribuèrent à la sorcellerie, les

autres à des opérations financières d'une nature assez véreuse sur les biens des juifs expulsés de Mayence.

La ville de Paris, moyennant la somme de cinq cent mille francs, est devenue propriétaire de cette tour, qui servait d'usine à un fabricant de plomb de chasse. Le monument, dégagé et remis à neuf, formera le centre d'un square entouré d'arbres, que les promeneurs seront bien aises de trouver sur l'immense parcours de la rue Rivoli. Le rez-de-chaussée de la tour contiendra les divers objets trouvés dans les fouilles de la tour, ainsi que des

Tour Saint-Jacques.

fragments de ses anciennes sculptures. La tour Saint-Jacques de la Boucherie fut le théâtre des expériences physiques de Pascal. La statue commémorative de ce grand homme ornera l'entrée de la tour.

IV. — ARCS DE TRIOMPHE & COLONNES.

L'Arc de Triomphe de l'Étoile.

Après cette mémorable campagne de Prusse qui amena le traité de Tilsitt, le conseil municipal de la ville de Paris décida qu'un arc de triomphe monumental serait élevé à la gloire de la grande armée et de son chef Napoléon. Son cercueil seul devait y passer. Par

un bizarre caprice de la destinée, le souverain qui traversa le premier cette voûte triomphale fut l'empereur
de Russie Alexandre, suivi de son état-major de rois et
de généraux. C'était le 1er avril 1814.

Quatre ans auparavant, Marie-Louise, la nouvelle

Arc de triomphe de l'Étoile.

impératrice, avait suivi le même chemin pour faire son
entrée dans la capitale.

L'architecte Chalgrin fournit les plans de cet arc
de triomphe, dont la première pierre fut posée le
15 août 1806. Les travaux de construction marchèrent
avec lenteur parce qu'on trouva une difficulté inattendue dans la nature même du sol, formé d'un banc
calcaire trop peu solide pour supporter le poids d'un

semblable monument. On fut dans la nécessité de former, en creusant à une assez grande profondeur, un sol factice.

Les événéments de 1814 et de 1815 n'étaient pas de nature à donner une grande impulsion à ces travaux : aussi furent-ils abandonnés. On abattit les échafauds qui servaient à la construction de l'arc de triomphe, et de leurs débris on composa la toiture d'un immense hangar, devant former un grenier de réserve. Au sommet d'un des massifs de maçonnerie, on éleva un belvédère d'où les curieux, moyennant une légère rétribution, pouvaient se donner le plaisir de planer sur une partie de Paris et de ses environs.

En 1823, cependant, le gouvernement de la restauration, trouvant que l'expédition d'Espagne avait suffisamment décoré ses armes, s'adjugea purement et simplement l'arc de triomphe de l'empire, et le consacra à la gloire du duc d'Angoulême. Les travaux n'en marchèrent pas plus vite pour cela, et on n'a peut-être pas encore oublié les plaisanteries des petits journaux et des vaudevilles de la restauration sur l'unique ouvrier de l'arc de triomphe de l'Étoile.

Le monument, aujourd'hui terminé, est sans contredit l'un des plus imposants de la capitale par l'ensemble et par les détails. Le Départ de 1792, de Rude, restera comme une des plus belles inspirations de la sculpture moderne. La Prise d'Alexandrie, de Chaponnière, et les Funérailles de Marceau, de Feuchères, sont deux morceaux fort remarquables. L'Apothéose de Napoléon, par Cortot, produit un certain effet, malgré son exécution trop académique. Les noms des généraux de la république et de l'empire sont inscrits sous les arcades latérales; on a souligné ceux qui sont morts sur le champ de bataille. L'arc de triomphe de l'Étoile l'emporte par la grandeur de ses dimensions sur tous les édifices du même genre que nous a légués l'antiquité. Il a vingt mètres de plus, sous la clef de son grand arc, que l'arc de triomphe d'Auguste à Rimini, le plus grand de tous ceux qui existaient avant l'érection du monument de la barrière de l'Étoile.

L'Arc de Triomphe du Carrousel.

On se demande ce que va devenir, par suite du nivellement de la place du Carrousel, ce gracieux monument, pour la construction duquel MM. Percier et Fontaine se sont inspirés de l'arc de Septime Sévère à Rome. Dégagé par le bas, il n'en sera que plus écrasé par les dômes qui le dominent, et répondra encore moins que par le passé à l'idée de grandeur que doit inspirer un monument triomphal.

Arc de triomphe du Carrousel.

C'est en 1806 qu'il a été commencé ; les célèbres chevaux de bronze de Saint-Marc ont surmonté l'arc de triomphe jusqu'à l'époque de l'invasion ; il ne lui reste plus que ses statues représentant des soldats de l'empire, et ses bas-reliefs où sont retracés quelques grands faits de cette époque, tels que la Prise d'Ulm, la Bataille d'Austerlitz, l'Entrevue de Tilsitt, l'Entrée des Français à Munich, l'Entrée à Vienne, la Paix de Presbourg, que la restauration remplaça par des épisodes de la guerre d'Espagne. Une Renommée conduisant un quadrige de bronze a succédé aux chevaux vénitiens. Ce groupe, d'une exécution flasque et incolore, est dû à Bosio.

L'arc du Carrousel, heureuse imitation de l'art antique, œuvre pleine de détails fins et délicats, ne saurait être détruit; il est difficile cependant de le laisser plus longtemps où il est actuellement, dans une situation qui le transforme en inévitable point de repère qui fait ressortir le manque de parallélisme entre le Louvre et les Tuileries; mais où le placer? Les uns proposent le rond-point de la barrière du Trône, les autres le Champ de Mars, dans l'axe même de l'École militaire et du pont d'Iéna; d'autres encore, le Trocadéro, où avait été projeté le palais du roi de Rome.

Les Arcs de Triomphe des Portes Saint-Denis et Saint-Martin.

Ce sont deux remarquables échantillons de l'architecture monumentale du dix-septième siècle, le premier surtout, par la noblesse de son ensemble et par les détails sculpturaux dont l'ont orné les frères An-

Porte Saint-Denis.

guier sur les dessins de Bouchardon. La porte Saint-Denis a été élevée sur les dessins de Blondel, aux frais de la ville de Paris, en 1672, pour perpétuer le souvenir des victoires de Louis XIV en Allemagne. Deux ans après, la même ville de Paris fit construire, toujours à ses frais, l'arc de triomphe de la porte Saint-Martin, pour célébrer la conquête de la Franche-Comté et la défaite des armées allemande, espagnole et hollandaise. Pierre Bellet fournit le plan de ce monument.

Porte Saint-Martin.

La Colonne Vendôme.

Pour perpétuer le souvenir de la campagne de 1805, Napoléon décida qu'une colonne triomphale serait érigée sur la place Vendôme. Cet emplacement avait été choisi déjà pour l'érection d'une colonne destinée à constater le dévouement des départements à l'empire. La victoire en changea la destination, et le monument de bronze s'éleva après quatre ans et dix jours de travaux.

La colonne Vendôme est d'ordre dorique ; elle est en pierre de taille, revêtue de plaques de bronze. Les fondations, de 30 pieds de profondeur, supportaient autrefois une statue équestre de Louis XIV. Un escalier en colimaçon conduit sur le tailloir du chapiteau entouré d'une balustrade. Le bronze dont cette colonne est revêtue pèse, avec la statue et ses divers ornements, 1,800,000 livres fournies par l'airain de 1,200 canons pris à l'ennemi à Ulm et à Vienne. On a remédié, par divers modes de jointure, aux inconvénients de l'effet de l'influence atmosphérique sur les métaux.

Le savant Denon, à qui il faut attribuer l'idée première de ce monument, présida à son exécution, ayant pour adjoints, comme architectes, MM. Lepère et Gondoin : ils firent les dessins généraux ; M. Mazois fut chargé de celui de l'en-

Colonne Vendôme.

trée et du bas-relief qui forme le piédestal ; M. Gérard
exécuta les sculptures de ce piédestal. On doit les trois
autres aux ciseaux réunis de MM. Beauvallet et Renaud,
sur les dessins de M. Zix. Les bas-reliefs du fût de la
colonne ont été dessinés par un peintre nommé Bergeret
et confiés aux mains habiles de MM. Bartholini, Beauvallet, Boïchot, Bosio, Bouillot, Bridan, Callamart,
Cardelli, etc., etc. Les ornements sculpturaux sont de
Gelée, et les quatre aigles du piédestal de M. Caulers.
La statue de Chaudet, représentant l'empereur, obtint
le prix décennal. C'est dans des ateliers construits sur
les terrains de l'ancienne foire Saint-Laurent que la
fonte, commencée par Launay, fut terminée par Caulers. M. Raymond fut chargé de toute la ciselure.

Les travaux de la fonte offrirent plusieurs difficultés :
les 900,000 kilogrammes de bronze qui y furent employés offraient des différences d'alliage, trop d'étain
dans le bas et pas assez dans le haut, ce qui explique
la différence qu'on remarque dans la couleur générale
du monument. Le moule de la statue offrait une masse
de 12 mètres cubes, pesant 36,000 livres ; le poids de
la statue était de 6,654 livres ; ce moule était placé de
façon à tourner sens dessus dessous, opération qui
n'exigeait pas plus de trois minutes ; au lieu du moulage à cire perdue qui entraîne de grandes longueurs,
on eut recours, dans la fonte des bas-reliefs, à la cuis-
son des modèles en plâtre, et à l'aide du recuit rouge
on dégagea les plâtres sans endommager les bas-reliefs
eux-mêmes. Après la mise en place de toutes les
pièces, les ciseleurs détachèrent encore des bas-reliefs
140,000 livres de bronze. Ces travaux, sans compter la
matière, s'élevèrent à la somme de 1,200,000 francs,
dans lesquels la statue seule est comprise pour
55,000 francs. D'après les mesures du Bureau des lon-

gitudes, la hauteur totale du monument est de 43 mètres.

Un double bas-relief orne le piédestal de la colonne et reproduit les uniformes, les armes, les équipages militaires de l'ennemi. Au-dessus de la porte de bronze massif, on voit deux Renommées soutenant un vaste cartouche, au centre duquel est gravée cette inscription de Visconti :

NEAPOLIO IMP. AUG.

MONUMENTUM BELLI GERMANICI

ANNO M DCCC V.

TRIMESTRI SPATIO DUCTU SUO PROFLIGATI

EX ÆRE CAPTO

GLORIA EXERCITUS MAXIMI DICAVIT.

(Napoléon, empereur auguste, a dédié à la gloire de la grande armée ce monument fait avec l'airain conquis sur l'ennemi pendant la guerre d'Allemagne, qui, sous son commandement, fut terminée, en 1805, dans l'espace de trois mois.)

Un aigle en ronde bosse, aux ailes déployées, tient dans ses serres une guirlande de chêne qui tombe en festonnant sur chaque façade ; les quatre ailes forment les quatre côtés de la base ; le torse qui soutient le fût figure une immense couronne de laurier ceignant la base.

Les bas-reliefs sont au nombre de soixante-seize. Sur la lanterne circulaire, dont la partie supérieure s'arrondit en dôme, sculptée de larges feuilles, s'élève la statue de l'empereur. On lit sur le côté de cette lanterne tourné vers les Tuileries :

MONUMENT ÉLEVÉ A LA GLOIRE DE LA GRANDE ARMÉE

PAR NAPOLÉON LE GRAND,

COMMENCÉ LE 25 AOUT 1806, TERMINÉ LE 15 AOUT 1810,

SOUS LA DIRECTION DE D.-V. DENON.

MM. J.-B. LEPÈRE ET L. GONDOIN, ARCHITECTES.

La colonne devait, dans le plan primitif, être surmontée de la statue de Charlemagne. Napoléon consen-
tit à le remplacer ; Chaudet, alors à l'apogée de sa
renommée, fut chargé de reproduire les traits du vainqueur d'Austerlitz. Il le représenta vêtu en empereur
romain, d'une simple chlamyde, et la tête ceinte d'une
couronne de laurier. D'une main il était appuyé sur son
glaive ; de l'autre il tenait un globe surmonté d'une
Victoire ailée, moulée sur l'antique.

Le lendemain de l'entrée des étrangers à Paris, des
fanatiques légitimistes, après avoir essayé inutilement
de faire descendre la statue impériale de sa colonne,
obtinrent du commandant de Paris l'ordre suivant :

« En exécution de l'autorisation donnée par nous à
M. de Montbadon de faire descendre à ses frais la statue de Bonaparte, et sur la déclaration de M. de Montbadon que M. Launay, demeurant à Paris, place Saint-
Laurent, n° 6, et auteur de la fonte des bronzes du
monument de la colonne, est seul capable de faire réussir la descente de cette statue, ordonnons audit M. Launay, sous peine d'*exécution militaire*, de procéder sur-
le-champ à ladite opération, qui devra être terminée
mercredi, 6 avril, à minuit.

» Au quartier général de la place, le 5 avril 1814.
» Le colonel aide de camp de S. M. l'empereur de
Russie, commandant la place,

» Comte DE ROCHECHOUART. »

« A exécuter sur-le-champ.

» PASQUIER, préfet de police. »

M. Launay exécuta l'ordre de MM. Rochechouart et
Pasquier ; il dériva les boulons qui attachaient la sta-

tue à la coupole de la lanterne, scia le pivot qui fixait la plinthe au sommet de la colonne, et en trois jours la statue de Napoléon fut descendue et rentrée dans les ateliers d'où elle était sortie.

Quelques jours avant cette opération, un jeune homme de dix-huit ans s'était précipité du haut de la colonne Vendôme sur le pavé. Transporté à la Morgue, on trouva dans la poche de son gilet une lettre dans laquelle il déclarait qu'il était le plus jeune des trois fils de Caïus Gracchus Babeuf, et qu'il se donnait volontairement la mort, pour ne point survivre à la honte de sa patrie envahie.

En 1815, M. Launay offrit de replacer sur la colonne la statue de l'empereur. Il écrivit au général Bertrand : « La dépense sera modique ; les moyens que j'ai employés sont les seuls capables de réussir, et trois jours me suffiront pour terminer cette besogne. » On avait alors d'autres sujets d'occupation ; l'offre de M. Launay resta sans effet ; seulement, la statue, réclamée par M. Denon, rentra dans les ateliers du gouvernement.

Depuis, cette statue et celle de Desaix, dressée sur la place des Victoires, furent employées dans la fonte de la statue de Henri IV sur le pont Neuf. Pendant les quinze années de la restauration, une flèche en fer, surmontée d'une fleur de lis quadrangulaire portant un grand drapeau blanc, remplaça la statue de Napoléon sur la colonne.

Après 1830, cet ornement passablement ridicule dut disparaître, et le gouvernement décida que la statue impériale reprendrait son ancienne place. Un concours fut ouvert, et M. Seurre obtint le prix. Cet artiste a obéi à un programme : ce n'est donc pas à lui qu'il faut s'en prendre de l'effet peu heureux produit par le costume moderne. A défaut de la grandeur sculpturale, la

statue de **M.** Seurre a du moins le mérite de l'exacti-
tude historique. Le général Bertrand a prêté à l'artiste
le chapeau, le frac militaire, les épaulettes, la redingote à revers, les bottes à l'écuyère, les éperons d'or et
la lorgnette qui ont servi à l'empereur ; **M.** Seurre a
même pu copier l'épée qu'il portait à la bataille d'Austerlitz.

La statue de **M.** Seurre a été fondue avec des canons
autrichiens restés à l'Arsenal, et coulée d'un seul jet
par **M.** Crozatier. Elle mesure 12 pieds de haut. Le roi
Louis-Philippe en fit l'inauguration, le 28 juillet 1834,
à la suite d'une revue de la garde nationale.

La Colonne de Juillet.

Les députés de Paris aux états généraux deman-
dèrent la démolition de la Bastille, et sur son emplacement l'érection d'une colonne dédiée à Louis XVI,
restaurateur de la liberté publique. Le peuple s'étant
chargé de la réalisation du premier de ces vœux expri-
més dans les cahiers du tiers état, le projet d'une colonne, définitivement adopté par la constituante, fut
abandonné sous le consulat et remplacé par une fontaine représentant un éléphant, dont nous avons vu,
jusqu'en 1846, le modèle en plâtre servir d'asile à d'innombrables légions de rats.

Cependant le gouvernement de juillet avait repris
l'ancienne idée d'une colonne commémorative de la révolution ; la première pierre en fut posée par Louis-
Philippe, le 28 juillet 1831, et l'inauguration du monument eut lieu le 28 juillet 1840.

Le massif bâti pour servir de support à l'éléphant
imaginé par Bonaparte sert de base à la colonne de
Juillet. La porte qui s'ouvre dans ce soubassement

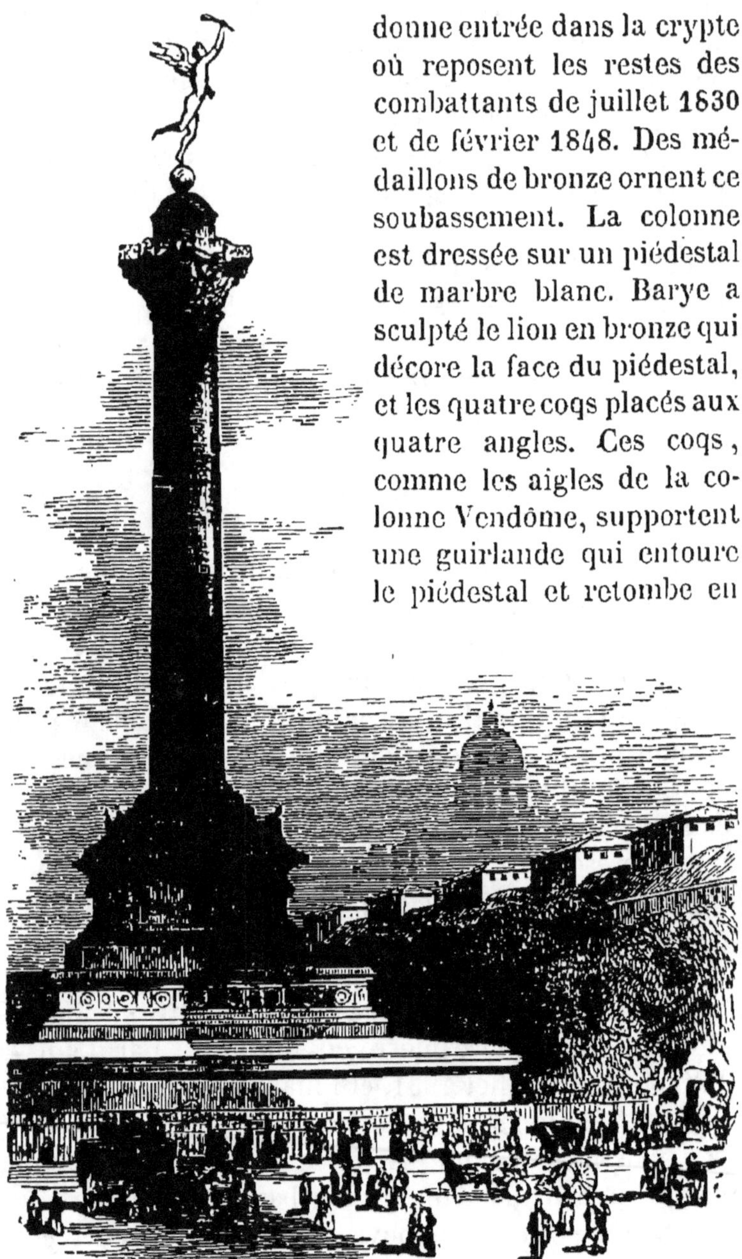

Colonne de Juillet.

donne entrée dans la crypte où reposent les restes des combattants de juillet 1830 et de février 1848. Des médaillons de bronze ornent ce soubassement. La colonne est dressée sur un piédestal de marbre blanc. Barye a sculpté le lion en bronze qui décore la face du piédestal, et les quatre coqs placés aux quatre angles. Ces coqs, comme les aigles de la colonne Vendôme, supportent une guirlande qui entoure le piédestal et retombe en festons. Le millésime de 1830 et les dates des 27, 28, 29 juillet sont gravés au-dessus des trois autres faces du piédestal. Les noms des victimes de juillet, au nombre de six cent quinze, sont inscrits en lettres d'or sur la colonne elle-même.

L'intérieur de la colonne est percé d'un escalier qui conduit à une lanterne élevée sur le chapiteau. Une statue en bronze doré, représentant le génie de la Liberté, domine cette lanterne. Ce génie, fondu d'après le modèle de M. Dumont, semble s'élancer dans les airs, tenant d'une main des chaînes brisées, de l'autre le flambeau de la civilisation.

Ce monument dépasse de 4 mètres la hauteur de la colonne Vendôme; il a eu pour architectes MM. Alavoine et Duc.

Chaque année, quand arrivent les anniversaires du 29 juillet et du 24 février, le peuple de Paris, si fidèle au souvenir des morts, vient rendre un pieux hommage à ceux qui dorment sous la colonne, et la grille qui entoure le monument disparaît sous les couronnes d'immortelles.

La Colonne de Catherine de Médicis.

Elle est adossée à la halle au blé. Catherine de Médicis la fit construire, dit-on, pour servir d'observatoire à son astrologue. C'est le dernier débris de l'hôtel de Soissons que bâtit l'architecte Bullant pour la reine que nous venons de citer. Cette colonne d'ordre dorique, haute de 30 mètres, est une fort élégante construction; déchue de son ancienne importance sidérale, et devenue simple horloge, d'observatoire qu'elle était, elle indique tout bonnement l'heure aux marchands et aux forts de la halle.

V. — LES PLACES, LES FONTAINES, LES PONTS.

La place Vendôme. — La place Royale. — La place de la Concorde. — La place des Victoires.

La Place Vendôme.

L'hôtel de César de Vendôme et le couvent des Capucines remplissaient, au dix-septième siècle, l'espace occupé maintenant par les magnifiques hôtels de la place Vendôme, commencée en 1699 et terminée en 1701.

Cette nouvelle création devait porter le nom de place des Conquêtes ; mais le secrétaire d'État Pontchartrain, qui avait Paris dans son département, trouva plus convenable, pour faire sa cour à un roi peu enclin à se lasser d'hommages, de changer ce nom en celui de place Louis-le-Grand.

Ce nouveau baptême entraînait nécessairement l'érection d'une statue du grand roi, qui fut détruite à l'époque de la révolution. La place Louis XIV devint alors la place des Piques ; elle reprit, sous l'empire, le nom de place Vendôme que, malgré les édits de Pontchartrain et les arrêts de la commune de Paris, l'habitude populaire n'avait cessé de lui donner.

Le double prolongement de la rue Castiglione et de la rue de la Paix donne accès sur cette place, une des plus belles de l'Europe par l'harmonie de son architecture et par l'élégance monumentale de ses proportions, formant un carré presque équilatéral dont les angles sont coupés à angles droits. La colonne dédiée par l'empereur Napoléon à la grande armée s'élève au centre de cette place, à l'endroit même où se dressait la statue de Louis XIV dont nous venons de parler. Cette statue, ouvrage de François Girardon, fondue par Balthasar Kœller, fut transportée dans une fonderie, en 1792, et métamorphosée en monnaie de billon. Après l'enlèvement de cette statue, il ne resta, jusqu'en 1806, au milieu de la place Vendôme, qu'une large pierre carrée qui faisait partie de la première assise de l'ancienne base du monument, sur laquelle avaient lieu les dégradations militaires. C'est par tradition, sans doute, qu'elles s'opèrent encore aujourd'hui sur la place Vendôme. La plus célèbre de toutes ces dégradations est celle de l'infortuné général Bonnaire, mort de chagrin à la suite de ce supplice moral que le gouvernement de la restauration lui infligea comme conspirateur.

La place Vendôme est entourée de magnifiques hôtels d'une architecture riche et uniforme. C'est là que sont situés les hôtels du ministre dé la justice, de l'état-major de la place, de l'état-major de la garde nationale, du commandant de l'armée de Paris, et du crédit mobilier qui, par un rapprochement bizarre, a établi ses bureaux dans l'hôtel même occupé par Law, le financier du Mississipi pendant la régence.

La Place Royale.

La construction de la place Royale date de la fin du règne de Henri IV, et déjà, sous Louis XIII, elle était le quartier à la mode. Les arcades qui entourent cette place, la régularité parfaite de ses hôtels bâtis sur le même modèle, lui donnent un caractère de beauté sévère et gracieuse à la fois dont il est impossible de méconnaître le charme. La place Royale n'a rien perdu de la physionomie qu'elle avait dans les premières années du dix-septième siècle. Il y a quelques années, une superbe grille du temps de Louis XIII entourait encore la place. On la fit abattre en 1839, de crainte qu'entraînée par sa vétusté, elle ne tombât et n'écrasât

Place Royale.

dans sa chute les enfants qui, conduits par leurs bonnes, viennent jouer sous les marronniers.

Le cardinal de Richelieu, qui recherchait d'autant plus les occasions de témoigner en public son respect profond pour la royauté qu'il les négligeait en particulier, fit ériger à ses frais une statue à Louis XIII sur la place Royale. Jusqu'alors les statues des rois n'avaient été placées que sur leur tombeau ou devant la porte des églises. En 1624, on dressa sur le pont Neuf la première statue équestre qu'ait vue Paris. C'était celle de Henri IV. Encore attendit-on sa mort pour lui décerner cet honneur ; Louis XIII l'obtint de son vivant.

La statue érigée aux frais de Richelieu fut renversée pendant les troubles révolutionnaires ; Louis XVIII voulut replacer son aïeul sur la place Royale, et chargea M. Dupaty de lui faire une nouvelle statue. Cet artiste enlevé par une mort inattendue, M. Cortot dut se charger de son travail. Il a représenté Louis XIII monté sur un cheval arabe, vêtu en Romain du temps de Louis XIV, coiffé de lauriers et d'une énorme perruque, et donnant des ordres pendant le siége de Dunkerque. Cette composition est exécutée en marbre blanc tiré d'un seul bloc des carrières de Carrare ; sa finesse est telle qu'on pourrait facilement le prendre pour de l'albâtre.

Ce monument n'ajoute pas grand'chose au charme et à la beauté de cette place, qui reposent principalement sur l'harmonie et sur l'ensemble de ses maisons en briques rouges, à large toiture conique, à hautes croisées, à balcons historiés, dont le numéro 2, qu'occupèrent Marion Delorme et Victor Hugo, est un spécimen si complet qu'il semble qu'on voit, le soir, se glisser sous sa porte en arcade l'ombre de la courtisane de Louis XIII.

Place de la Concorde.

L'immense espace dont nous allons parler n'était qu'une plaine nue et aride lorsqu'en 1748, la ville de Paris a voulu consacrer une statue équestre à Louis XV. Depuis Louis XIII, on le voit, la mode avait fait des progrès et elle était devenue une nécessité officielle. Un nombre infini de projets et d'emplacements furent soumis au choix des échevins, qui s'arrêtèrent enfin sur le terrain compris entre les Tuileries et les Champs-Élysées. Quant à la décoration générale de la place et au

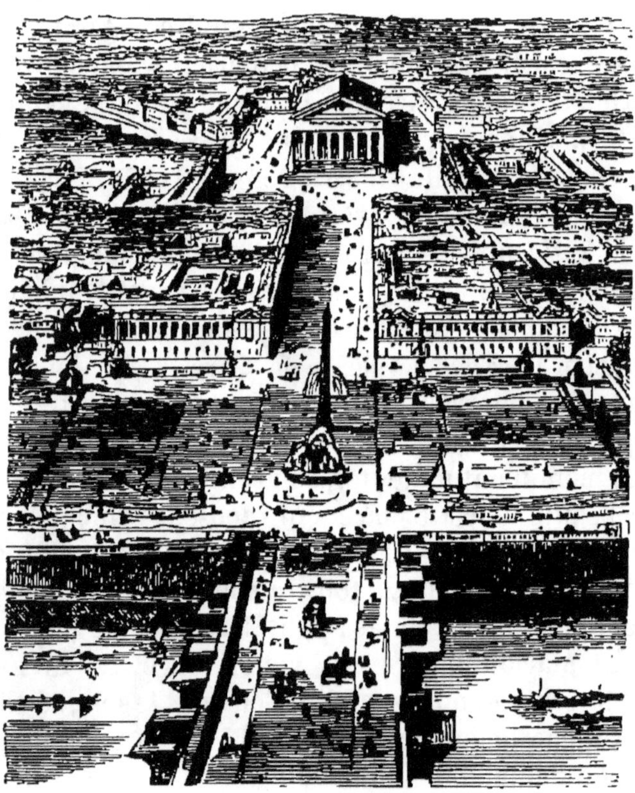

Place de la Concorde.

monument lui-même, le roi, qu'il fallait bien consulter dans une affaire qui le touchait de si près, adopta le projet présenté par l'architecte Gabriel. Les fossés plantés en jardins, qu'on a comblés tout récemment, les pavillons-piédestaux qui entourent la place, les deux hôtels du garde-meuble dont l'un sert maintenant au ministère de la marine, font donc partie du plan primitif.

La statue équestre de Louis XV, par Bouchardon, occupait le centre de la place, montée sur un piédestal orné par Pigalle de figures allégoriques représentant diverses Vertus.

> Grotesque monument, infâme piédestal ;
> Les vertus sont à pied, le vice est à cheval.

Un Juvénal anonyme écrivit pendant la nuit ce distique sur le marbre du piédestal. Un autre l'imita le lendemain :

> Il est ici comme à Versailles ;
> Il est sans cœur et sans entrailles.

Ces deux mots qu'on trouva un matin écrits au crayon :

> *Statua statuæ* (Statue d'une statue) ;

rendent la même idée d'une façon encore plus énergique et plus vraie. La révolution fit enfin justice de cette statue menteuse et voulut qu'on élevât à sa place une statue de la Liberté. Elle était de Lemot et en terre coloriée. L'échafaud fut dressé à la place même de la statue. En 1799, sous le consulat, une nouvelle statue de la Liberté surgit sur ce piédestal arrosé de sang. Elle était en plâtre et sortait des ateliers de Dumont. C'est à ce moment que la place Louis XV, métamorphosée en place de la Révolution, devint la place de la Concorde, qu'elle perdit sous Louis XVIII, qui posa la première pierre d'un monument destiné à perpétuer, au milieu de la place de la Concorde, changée en place Louis XVI, le souvenir de la mort de ce monarque. La révolution de juillet empêcha la réalisation de ce projet, et l'obélisque se présenta fort à propos pour remplacer le monument expiatoire.

Ce monolithe de granit date de trois mille ans; il a été commencé sous le règne de Rhamsès II et terminé sous Sésostris le Grand. Sa hauteur est de 72 pieds, son poids de cinq milliers ; M. Hittorf a dessiné le piédestal de granit français sur lequel il repose. Les petits encadrements constellés de signes divers contiennent le récit de la vie de Sésostris et des louanges en son honneur. Les hiéroglyphes dont le monolithe est couvert rendent compte des motifs de l'érection de cet obélisque, extrait des carrières de Syène et transporté à Thèbes où il devait servir à la décoration d'un grand édifice. L'obélisque de Louqsor est placé entre deux fontaines symbolisant, l'une les rivières, l'autre les mers. Des colonnes lampadaires rostrales en fonte, surmontées d'un globe en pointe et coupées, à mi-hauteur, de proues de navires, soutiennent les lanternes à gaz. Sur les huit pavillons rangés autour de la place sont assises les statues emblématiques des villes de France, avec leurs armoiries et leurs attributs distinctifs : Marseille, Lyon, Strasbourg, Lille, sont du côté des Tuileries ; Rouen, Brest, Bordeaux, Nantes, du côté des Champs-Élysées. Les Tuileries à gauche ; les Champs-Élysés, avec leur entrée ornée des magnifiques groupes de Coustou, à droite ; le palais Bourbon fermant la perspective du côté de la rivière, tandis que vis-à-vis se détache la colonnade de la Madeleine, forment une décoration dont il est impossible de méconnaître le caractère imposant et grandiose. La proclamation de la constitution de 1848, par le président de la république et par le président de l'assemblée nationale constituante, est la dernière cérémonie politique dont la place de la Concorde ait été le théâtre; elle reprit, peu de temps

après, ce nom qu'elle avait quitté après février, qui
lui rendit pour un moment celui de place de la Révolution.

Place des Victoires.

Un des courtisans les plus déliés de cette cour qui
fournit à la Bruyère le modèle du courtisan, le duc de

Place des Victoires.

la Feuillade, à bout de moyens pour conquérir la faveur
du maître, eut l'idée de lui élever à ses frais une statue
en plein Paris. Justement, la triple alliance conclue
contre Louis XIV venait d'être vaincue : le sujet était
trouvé, et Girardon représenta le grand roi domptant
un Cerbère. L'allégorie était transparente, comme on

voit. Aux quatre angles du monument étaient quatre lanternes, comme le témoigne le distique suivant :

La Feuillade, sandis ! jé crois qué tu mé bernes
Dé placer lé soleil entré quatre lanternes.

En 1717, le grand roi était mort depuis deux ans, et le duc de la Feuillade crut devoir économiser les quatre lanternes, dont l'entretien était à sa charge.

En 1792, une pyramide commémorative des victoires remportées par les armées de la révolution remplaça la statue royale et donna son nom à la place. La statue en bronze de Desaix fut substituée, en 1806, à la pyramide, et en 1822, Desaix, jeté à la fonte, servit à faire le Louis XIV à cheval qui s'élève aujourd'hui sur la place. Cette statue est de Bosio.

Place Dauphine.

Les maisons qui l'entourent se rapprochent, comme architecture, de celles de la place Royale ; elles datent de la même époque. Cette place est ornée d'une fontaine construite en 1803, sur les dessins de MM. Percier et Fontaine, et restaurée en 1830. Elle représente la France couronnant Desaix, pendant que deux Renommées burinent le nom des combats auxquels il a pris part ; viennent ensuite des inscriptions indiquant la date et le lieu de sa naissance et de sa mort, et retraçant ces paroles qu'on lui prête en mourant : « Allez dire au premier consul que je meurs avec le regret de ne pas avoir assez fait pour la postérité. »

Place Richelieu.

Autrefois place Louvois. C'est là que le duc de Berry fut assassiné, en sortant de l'Opéra. Le gouvernement

d'alors ordonna qu'un monument expiatoire serait élevé
au centre de cette place. La révolution de juillet en
disposa autrement. Aujourd'hui, cette place est ornée

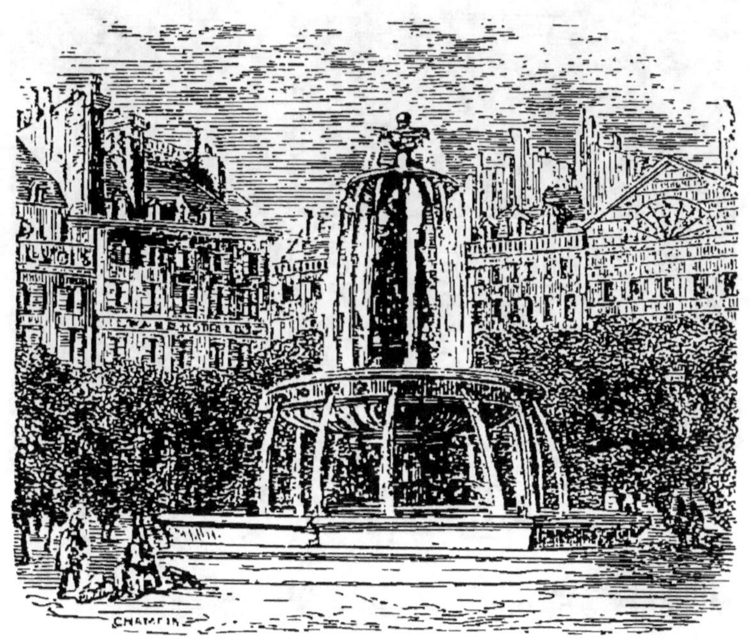

Place Richelieu.

d'une élégante fontaine dessinée par M. Visconti, et
ornée par M. Klagmann de figures représentant la
Seine, la Loire, la Garonne et la Saône.

Place du Châtelet.

C'est sur le terrain de cette place qu'était bâtie la
prison du grand Châtelet. Elle n'offre de remarquable
que le monument élevé en 1807, par Bosio, à la Victoire ; c'est, du moins, ce qu'il faut conclure de la statue placée au sommet de la colonne en tronc de palmier,

dont la base s'élance d'un piédestal posé au centre d'un bassin et surmonté, aux quatre angles, des statues de la Foi, de la Vigilance, de la Loi et de la Force. La

Place du Châtelet.

statue dont nous voulons parler est une Victoire aux deux mains en l'air, aux pieds posés sur une sphère.

Place Saint-Sulpice.

Une fontaine monumentale s'élève au milieu de cette place. La forme de cette fontaine, composée de trois bassins superposés, manque de grâce ; la base quadrangulaire, terminée en rond, a quelque chose de lourd qui écrase le monument. A chaque angle de ce carré se dresse une statue renfermée dans une niche. Ces quatre statues représentent Bossuet, Fénelon, Massillon et

Fléchier. Cette décoration a été inspirée, sans doute, par le voisinage de l'église de Saint-Sulpice. Les dessins de cette fontaine sont de M. Visconti.

Place Saint-Sulpice.

Fontaine des Innocents.

Lorsque l'église et le charnier des Innocents eurent disparu pour faire place au marché actuel, on chercha un monument pour orner le milieu de l'immense carré de la halle. Quel monument placer au centre d'un marché, si ce n'est une fontaine? On proposa d'y élever la fontaine construite en 1550 par Pierre Lescot et sculptée par Jean Goujon, à l'angle de la rue Saint-Denis et de la rue aux Fers. Mais comment mettre cette œuvre architecturale en harmonie avec l'ensemble et les proportions de l'emplacement qu'elle devait occuper ? Après mille projets avortés, l'architecte Six proposa au baron de Breteuil, secrétaire d'État, ayant Paris dans son département, de changer la forme primitive

Fontaine des Innocents.

de cette fontaine et de la reconstruire sans modifier en aucune façon sa décoration, en ajoutant tout simplement une quatrième face aux trois premières et en transformant le triangle en carré.

La fontaine des Innocents est sans contredit une des plus heureuses inspirations de l'école française. Les

bas-reliefs de Jean Goujon, par la finesse des contours
la souplesse des mouvements, la noblesse et la grâce
du style, égalent les plus célèbres productions de l'antiquité. Santeuil n'a vu dans ces merveilles de poésie
et de dessin que l'imitation de l'eau, qu'il trouve parfaite de vérité, et que le sculpteur, à coup sûr, ne
croyait à beaucoup près si vraie :

> Quos duro cernis simulator marmore fluctus
> Hujus nympha loci, credidit esse suos.

« La nymphe de ce lieu prit pour ses propres flots ceux
que tu vois simulés par le marbre. » Il faut convenir
qu'elle y mit une grande bonne volonté.

La Fontaine Molière.

En 1837, la ville de Paris, dans un but d'assainisse-
ment, et pour rendre la circulation plus facile, songeait
à reconstruire la fontaine publique établie entre la rue
Richelieu et la rue Traversière-Saint-Honoré. Un acteur
de la Comédie française, M. Régnier, instruit de ce
projet par les journaux, saisit cette circonstance pour
réveiller la pensée de Lekain au sujet d'un monument
à l'auteur de *Tartufe,* et réclamer l'exécution d'une
entreprise depuis si longtemps ajournée. La fontaine
à reconstruire devait s'élever précisément en face de
la maison habitée par Molière, où il avait composé
plusieurs de ses ouvrages, où il était mort ; là même
où une populace fanatique avait jeté de la boue sur
son glorieux cercueil. Quel lieu plus convenable pour
l'érection d'un monument réparateur ? Bernardin de
Saint-Pierre avait déjà désigné cet emplacement. Au
produit des anciennes souscriptions vinrent se joindre
les représentations théâtrales, une cotisation des aca-

démies, une subvention de la ville de Paris et de l'État. L'inauguration du monument eut lieu le 15 janvier 1844, jour anniversaire de la naissance de Molière. La composition de l'ensemble de la fontaine fut confiée à M. Visconti; la statue en bronze de Molière est de

Fontaine Molière.

Seurre aîné; Pradier a sculpté la *Comédie sérieuse* et la *Comédie gaie,* qui, debout à ses côtés, semblent inspirer le grand poëte.

Fontaine Grenelle.

La fontaine de la rue de Grenelle est le monument de ce genre le plus parfait que nous ait légué le dix-

huitième siècle, et il n'a point été surpassé par les fontaines monumentales élevées pendant ces dernières
années. Elle fut construite aux frais de la ville, sous la
prévôté de Michel-Étienne Turgot, et terminée en 1739.
Ce monument, remarquable par la richesse de sa dé-

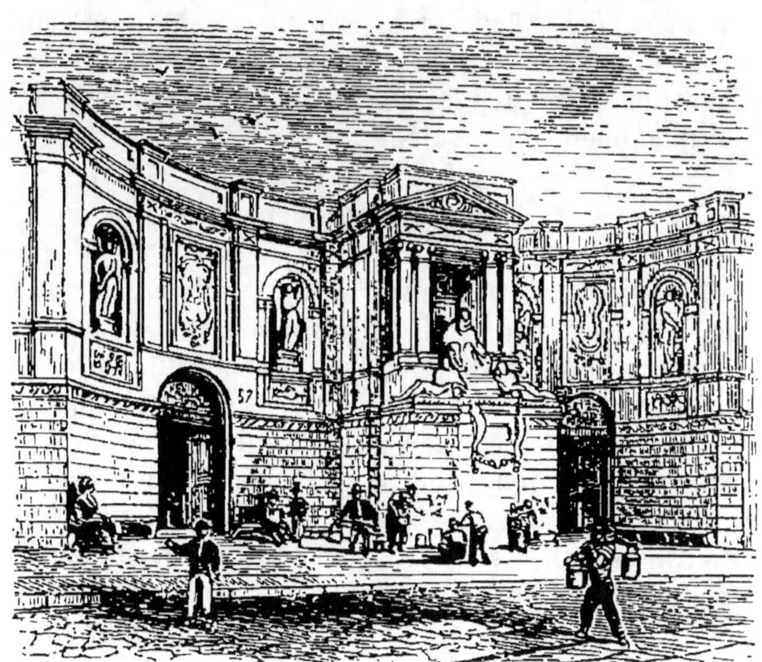

Fontaine Grenelle.

coration, peut être considéré comme le principal titre
de gloire d'Edme Bouchardon, qui en fut l'architecte
et le sculpteur. L'emplacement assigné à l'artiste présentait de nombreuses difficultés par le peu de largeur
de la voie publique et par un alignement de maisons
sans solution de continuité. Il sut les vaincre au moyen
d'une retraite de quelques mètres, en pratiquant un
enfoncement semi-circulaire entre deux portes d'habi-

tations particulières, qui complètent l'harmonie au lieu de la rompre. La décoration du monument consiste dans trois statues placées sur un socle de glaçons que soutient l'avant-corps. Celle du centre représente la Ville de Paris ; les deux autres, couchées dans les roseaux, et appuyées sur des urnes d'où l'eau s'épanche en abondance, figurent la Seine et la Marne. Toute cette décoration se trouve dans un parfait état de conservation. On a réparé dernièrement les parties lisses du monument, qui avaient un peu souffert.

Fontaine Cuvier.

A l'angle des rues Cuvier et Saint-Victor, la statue de l'Histoire naturelle se dresse dans une niche surmontant un piédestal. A ses côtés sont un lion et un hibou, symbolisant sans doute l'objet des études que se propose cette science, ou peut-être la force et la vigilance. Sur un livre que la statue tient à la main, on lit : *Rerum cognoscere causas* (Connaitre les effets et les causes). Divers crocodiles entourent le rond sur lequel l'Histoire naturelle pose les pieds ; au-dessus d'elle, un aigle déploie ses ailes. Des têtes d'hommes et d'animaux ornent la corniche du monument, sur l'entablement duquel sont inscrits ces mots :

A GEORGES CUVIER.

Fontaine de l'Arbre-Sec.

Autrefois, en face de cette fontaine, où une nymphe charmante, œuvre de Jean Goujon, remplit avec une grâce si coquette le bassin d'une eau limpide, se dressaient les fourches patibulaires et le pilori de la *Croix du trahoir*. Cette fontaine, qui datait du temps de François 1er, fut reconstruite par Soufflot en 1775.

Fontaine Gaillon.

Cette fontaine, d'un abord assez difficile à cause des nombreux enfants de l'Auvergne qui viennent y remplir leur tonneau, fut construite par M. Visconti. Elle est plaquée contre la maison formant le centre du carrefour Gaillon. La décoration de cette fontaine représente, sur un socle, un génie frappant la terre et en faisant sortir des plantes et des animaux aquatiques.

Fontaine Notre-Dame.

Ce petit monument, qu'on a voulu sans doute mettre en harmonie avec l'église métropolitaine, est un pastiche peu heureux de l'art gothique. Ses colonnettes, ses clochetons, ses gargouilles représentant les diverses hérésies que la Vierge écrase, rappellent les plus mauvais temps de la littérature romantique et de l'effervescence moyen âge de 1830. Cette fontaine date cependant de 1845.

Fontaine de Birague.

La place de Birague, au centre de laquelle est élevée la fontaine, s'appelait jadis cimetière des Anglais, et faisait partie des dépendances de l'église Sainte-Catherine du Val-des-Écoliers. Cette fontaine fut construite en 1579 par le chancelier-cardinal de Birague, confident de Catherine de Médicis, et l'un des instigateurs de la Saint-Barthélemy. Reconstruite en 1629 et en 1707, cette fontaine n'a guère conservé que le nom de son fondateur. C'est un monument de forme pentagone, orné de pilastres surmontés de bas-reliefs représentant des tritons et des naïades.

LE CHATEAU D'EAU est une construction formée de trois bassins superposés et laissant échapper l'eau par

Château d'Eau.

la gueule de lions assez heureusement dessinés et disposés autour du bassin intermédiaire.

LA POMPE A FEU DE CHAILLOT élève l'eau de la Seine à 37 mètres au-dessus du niveau de la rivière, et la transporte dans des réservoirs construits sur l'éminence de Chaillot, d'où elle est distribuée par divers conduits dans Paris. Beaumarchais eut le premier l'idée de l'établissement d'une pareille machine. Elle est placée sur le quai de Billy.

LE PUITS DE GRENELLE. On se rappelle la curiosité qu'excita durant sept années le forage de ce puits par l'ingénieur Mulot. L'eau se décida enfin à jaillir au moment où la sonde pénétrait à une profondeur de plus de 500 mètres. Renfermé dans l'abattoir de Grenelle, le puits artésien fournit 500,000 litres d'eau par jour.

Outre 35 fontaines monumentales dont nous venons de décrire les plus importantes, Paris est alimenté par 68 fontaines publiques et 1,844 bornes-fontaines.

Les Ponts.

En y comprenant le pont de Grenelle, bâti en dehors de l'enceinte de Paris, on traverse la Seine sur vingt-quatre ponts ou passerelles.

LE PONT D'IÉNA se présente immédiatement après

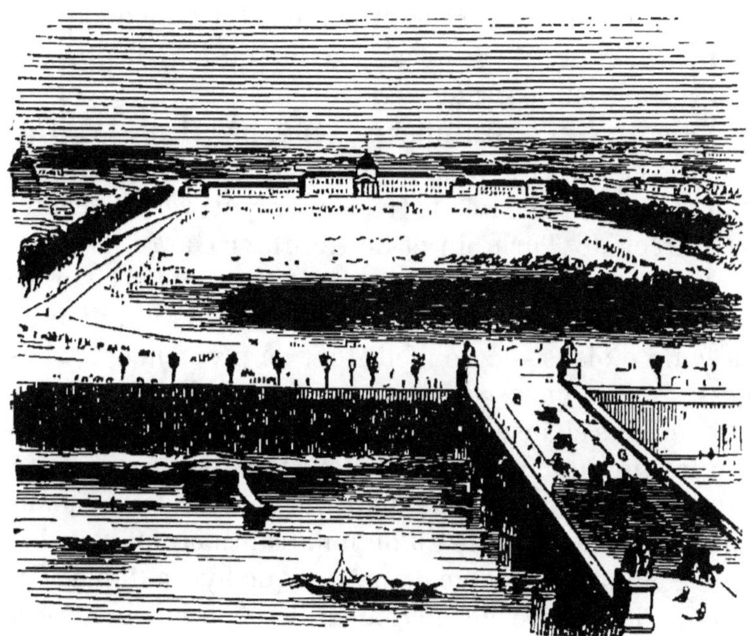

Pont d'Iéna.

celui de Grenelle. Ce nom faillit lui devenir funeste. Lors de l'invasion, les Prussiens, dont il rappelait la défaite, voulurent le faire sauter. Déjà les mines étaient prêtes. Louis XVIII, dans un beau mouvement de dignité nationale, déclara qu'il était prêt à se faire transporter sur le pont menacé, qui, grâce à la fermeté du monarque, échappa à une destruction presque certaine. Quatre groupes placés aux quatre angles du pont représentent les principales variétés de la race chevaline.

Viennent ensuite :

LE PONT DES INVALIDES, en fil de fer.

LE PONT DE LA CONCORDE. Les pierres provenant de la démolition de la Bastille servirent à sa construction.

LE PONT ROYAL, remplaçant l'ancien bac qui donne son nom à la rue sur laquelle il débouche.

LE PONT DES SAINTS-PÈRES, construit en fonte.

LE PONT DES ARTS, construction en fer sur laquelle les voitures ne passent pas.

LE PONT NEUF. Terminé en 1604, par Henri IV, c'est le plus connu et le plus populaire des ponts de la capitale. C'est là que Molière, encore enfant, venait écouter les farces de Turlupin et de Gauthier Garguille, dont le théâtre en plein vent dressait ses tréteaux sur ce passage le plus fréquenté de la capitale. Au milieu de la foule d'oisifs, de nouvellistes, de promeneurs, sans cesse réunie dans ce lieu, prenaient naissance et circulaient ces chansons politiques et malignes, ces *ponts-neufs,* qui étaient les petits journaux de l'époque. La muse populaire avait élu domicile en face de la *Samaritaine,* cette machine qu'on montrait alors aux étrangers comme un prodige de mécanique hydraulique. On a fait disparaître dernièrement les boutiques placées sur la plate-forme de chaque pile. Là des marchands à

poste fixe étalaient tou-
tes sortes d'objets de curiosité et de toilette, des
rafraîchissements, de la
pâtisserie, tandis que
des marchands ambu-
lants criaient à haute
voix leur marchandise,
et coupaient la parole
aux charlatans et bate-
leurs qui affluaient dans
cet endroit.

Sur le terre-plain du
pont Neuf s'élève la sta-
tue équestre de Henri
IV. D'abord le cheval
seul y fut installé, par
ordre de Marie de Mé-
dicis, qui avait reçu ce
morceau de sculpture,
modelé par Jean de Bou-
logne, en cadeau de son
père Côme de Médicis.
Le cavalier ne monta sur
son coursier de bronze
que dix-neuf ans après,
c'est-à-dire en 1635.

Cette statue, du sculp-
teur Dupré, fut fondue
en 1792 pour faire des
canons. Louis XVIII la
remplaça par celle que
nous voyons aujour-
d'hui; Lemot en donna

les dessins, une souscription particulière en paya les frais.

Le piédestal en marbre blanc de la statue actuelle est orné de deux bas-reliefs en bronze, représentant *l'Entrée de Henri IV à Paris*, et *Henri IV nourrissant les assiégés*. Deux inscriptions latines célèbrent la gloire du monarque et constatent la part prise par Louis XIII, Richelieu et les deux trésoriers de l'épargne, Boutillier et de Bullion, à l'érection de ce monument.

Toutes ces constructions n'offrent rien de remarquable :

LE PONT SAINT-MICHEL. — LE PETIT-PONT. — LE PONT AU DOUBLE. — LE PONT DE L'ARCHEVÊCHÉ. — LE PONT AU CHANGE, qui a été reconstruit en 1647. Son nom lui vient d'une ordonnance de Louis VII, qui, en 1141, assigna aux changeurs un des côtés de ce pont, chargé de maisons comme presque tous les ponts de Paris. Du temps de Julien l'Apostat, un passage sur la Seine existait déjà au même lieu. — LA PASSERELLE DE LA CITÉ. — LE PONT DE LA TOURNELLE, terminé autrefois par la prison de la Tournelle, démolie en 1792. — LA PASSERELLE DE L'ESTACADE. — LE PONT DE DAMIETTE. — LE PONT MARIE, qui était encore une rue dans les dernières années du dix-huitième siècle. — LE PONT D'AUSTERLITZ, qui termine par un nom de victoire la série des ponts de Paris, qui s'ouvre par un autre nom de victoire. Ce pont, construit de 1801 à 1807 par l'architecte Beaupré, conduit du boulevard Bourdon au jardin des Plantes. Il offre à l'observateur placé à son centre un double point de vue d'une grande beauté.

FIN.

TABLE DES MATIÈRES.

Pages

Arc de triomphe du Carrousel	185
Arc de triomphe de l'Étoile	182
Arcs de triomphe et colonnes	182
Avant-propos	1
Bourse (la)	170
Catacombes (les)	103
Cimetières (les)	88
Château d'Eau	214
Colonne de Catherine de Médicis	195
Colonne de Juillet	293
Colonne Vendôme	187
Conservatoire des arts et métiers	169
École des beaux-arts	155
École militaire	165
Églises (les)	2
Églises protestantes	82
Élysée-Napoléon	133
Fontaine de l'Arbre-Sec	212
Fontaine de Birague	213
Fontaine Cuvier	212
Fontaine Gaillon	213
Fontaine Grenelle	210
Fontaine des Innocents	207
Fontaine Molière	209
Fontaine Notre-Dame	213
Hôtel de la Banque	174
Hôtel de Cluny	180
Hôtel des Invalides	163
Hôtel des Monnaies	174
Hôtel de ville	141

	Pages
Louvre (le)	107
Luxembourg (le)	135
Morgue (la)	87
Observatoire (l')	167
Palais et Hôtels	107
Palais du Corps-Législatif	158
Palais de l'Industrie	175
Palais de Justice	148
Palais de la Légion d'honneur	161
Palais Mazarin	152
Palais du quai d'Orsay	160
Palais-Royal (le)	128
Palais des Thermes	179
Place du Châtelet	205
Place de la Concorde	199
Place Dauphine	204
Place Richelieu	204
Place Royale	197
Place Saint-Sulpice	206
Place Vendôme	196
Place des Victoires	203
Pompe à feu de Chaillot	214
Ponts (les)	215
Portes Saint-Denis et Saint-Martin	186
Puits de Grenelle	215
Synagogues	85
Tour Saint-Jacques de la Boucherie	181
Tuileries (les)	118